프로바둑강좌／고급이상 **1**

초반·중반의
실전테크닉

8단 安倍吉輝 지음

프로바둑 연구회 편

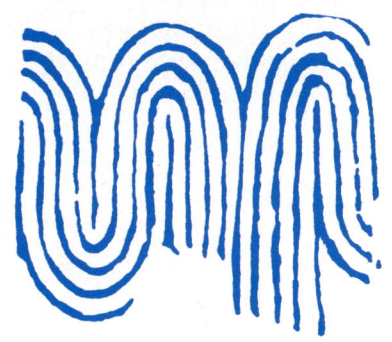

도서
출판 眞華堂

프로바둑강좌 · 고급이상 1

초반· 중반의
실전테크닉

8단 安倍吉輝 지음
프로바둑연구회 편

도서
출판 眞華堂

머 리 말

이론(理論)에만 밝다고 하여 바둑을 잘 두는 것
은 아니다. 뛰어난 이론가(理論家)는 바둑의 해
설(解説)은 잘 할른지 모르지만, 실제의 대국(対
局)에서는 그다지 빛을 보지 못하는 경우가 많다.
　바둑은 어디까지나 '실전(実戦)'이다. 대국(対
局)에서 이기는 사람만이 기량이 뛰어난다고 할
수 있다. 실전에 밝은 이론가는 명실공히 바둑
의 명인(名人)이라고 할 수 있을 것이다.
　이 책은 뛰어난 바둑의 왕자(王者)들이 자웅을
겨룬 세기(世紀)의 명대국(名対局)을 한데 모아
그들이 어떻게 그들의 기량을 발휘했는가를 더듬
어 봄으로써 실전의 병서(兵書)로 삼고자 하였다.
　특히 고급(高級) 이상에서 프로 기사로 향
해 줄달음치고 있는 바둑 애호가들에게 '강한 바
둑'의 교과서가 될 것으로 믿어 의심치 않는다.
문제 하나 하나를 그대로 암기해 나가면서 자기
의 것으로 소화·활용할 수 있는 '열심'을 보인
다면 현재의 실력에서 크게 향상될 수 있을 것이
다.

저 자 씀.

차   례*

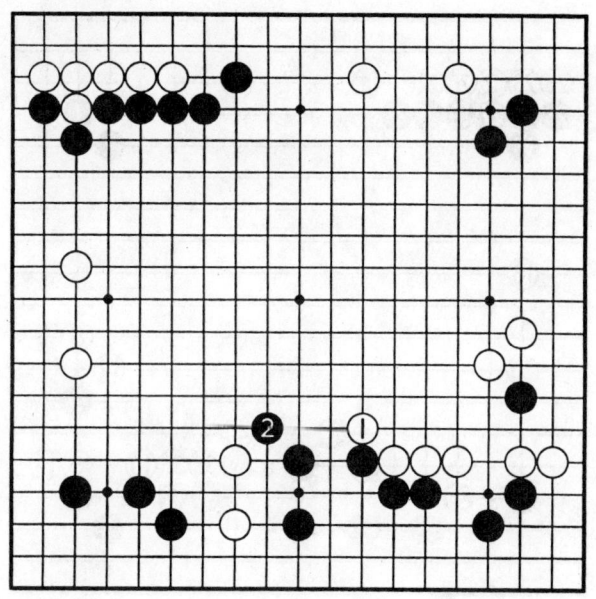

1. 백선 화려한 맥점

백 福井正明 七段
흑 長沼 信 六段 (碁聖戰)

백 1 의 젖힘에 대하여 흑 2 의 마늘모로
백 2 점을 습격하는 것은 어떨까?

이 강수에 흑이 대응하는 방법이다.

한판의 바둑이 분기점을 맞이 하였음을
볼 수가 있다.

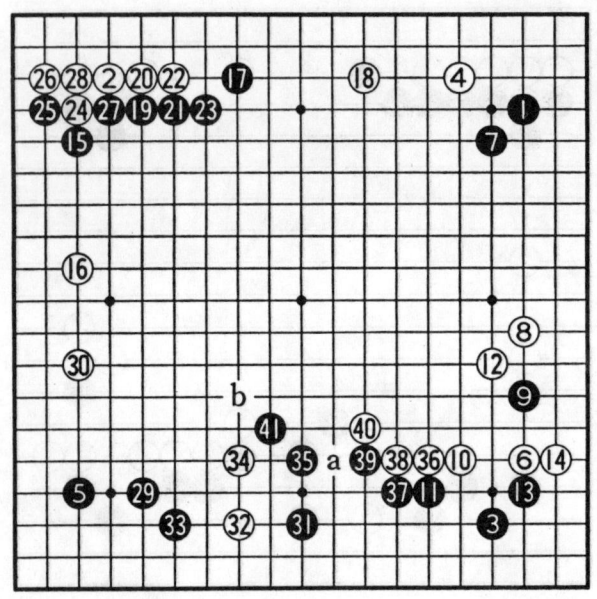

문제도까지의 수순
(1—41)

지금까지의 경과도

백32의 침입에 대한 이후의 변화이다.

집을 확보할 필요가 있는 곳이다.

흑41은 당연하다.

흑41로 a로 두는 것은 백이 b로 뛰어 나가서 즐거운 모양이 된다.

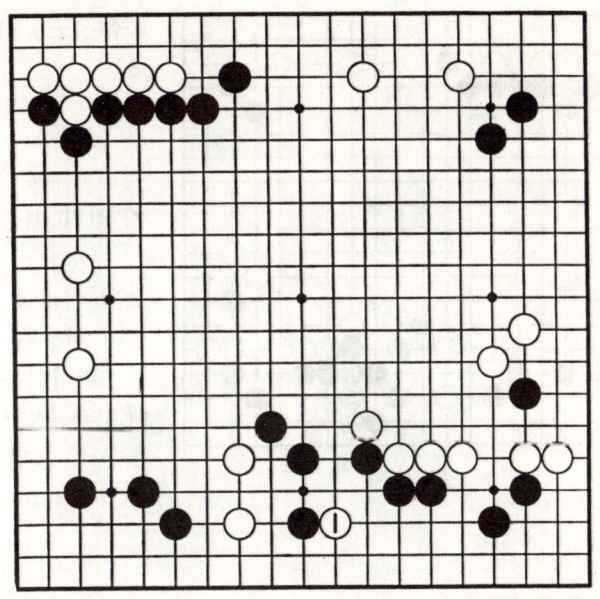

정 해 도

고등전술

귀쪽의 침입으로 복정정명(福井正明) 7
단은 두었다.

화려한 맥점은 백1의 붙임이다. 흑의 약
점을 찌르는 호점이다.

삶을 구함에 있어서는 그냥 도망만을 하
여서는 안된다.

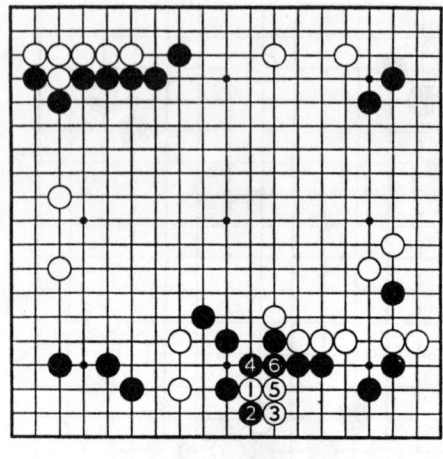

실전도 1

실전도 1 (1 ~ 6)

백 1 의 대책은 어렵다. 그것은 건너는 수가 있기 때문이다. 결국 흑 2 의 아래쪽 젖힘의 최강의 수로 버티었는데 백 3 의 최선의 응수로 우위에 설 수가 있다.

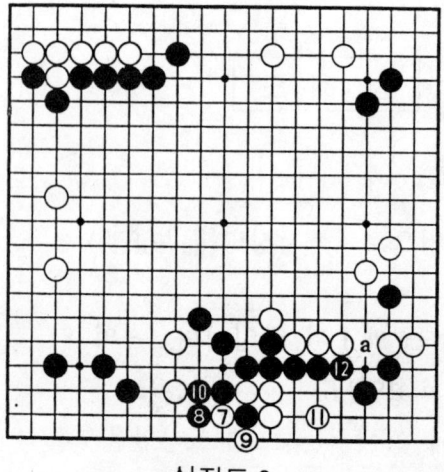

실전도 2

실전도 2 (7 ~ 12)

백 7, 9 로 한 점을 끊어 잡은 다음에 11 까지 살아서 대성공이다. 하변 백 2점을 가볍게 사석으로 처리한다. 흑a의 맛을 감안하여 백이 아주 좋은 처리 결과이다.

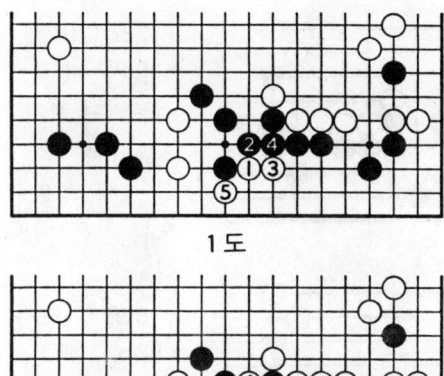

1 도

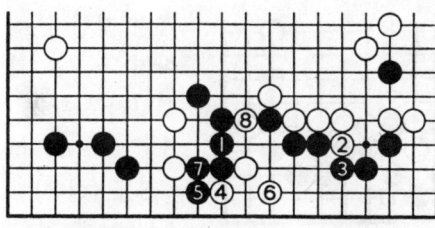

2 도

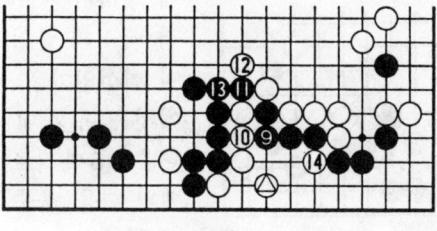

3 도

4 도

1 도(건넘)
흑이 **2** 의 곳으
로 직접 받는 것
은 백 **3, 5** 로
건너가 버린다.

2 도(악수)
흑 **1** 로 내려서
는 것은 맛이 아
주 나쁜 악수이
다. 간단히 **2,
4** 로 수가 나버
린다.

3 도(이음)
흑 **1** 로 단단히
이어 두는 것은
백 **4, 6** 으로 젖
히는 호수가 있
다.
백 **8** 까지 자
연히 연락된다.

4 도(나쁘다)
이후 흑이 **9** 로
이으면 어떨까?
이하 **14**의 끊
음이 있다. 백
⊘ 의 벌림이 있
어 충분한 곳이
다.

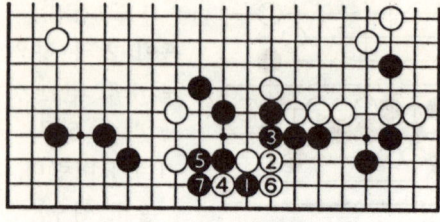

5 도

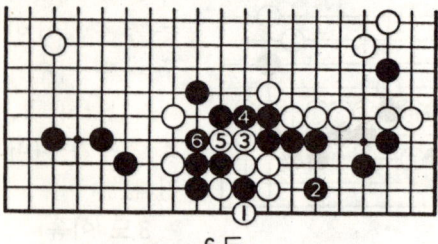

6 도

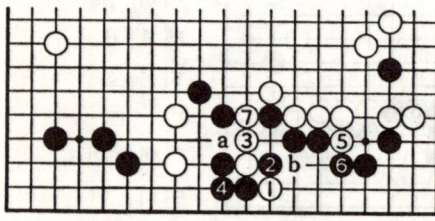

7 도

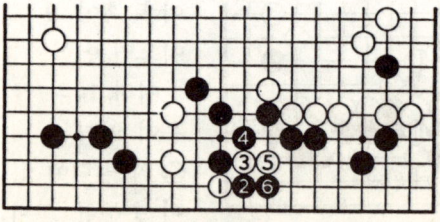

8 도

5 도(치명상)
다음의 변화를
검토하여 보자.
흑 1 의 최고
의 수에 백 2 로
느는 것은 나쁘
다.

6 도 (나쁘다)
다음에 백 1 로
한점을 잡으면
어떨까?
이하 6 까지
살 수가 없다.

7 도 (맛보기)
흑의 젖힘에 대
하여 흑 1 은 최
선인가? 흑 2,
4 는 무리이다.

8 도 (실패)
흑의 아래 젖힘
에 대하여는 먼
저 백 1 의 붙임
이 최선일까?
이것은 흑 2, 4
다음 6 까지로
백의 다음 응수
가 없다.

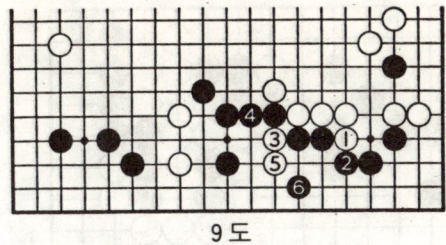

9 도

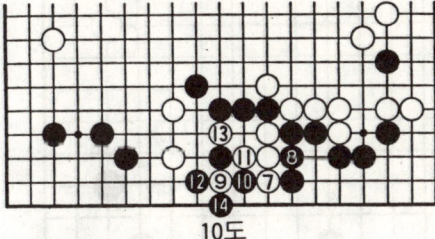

10 도

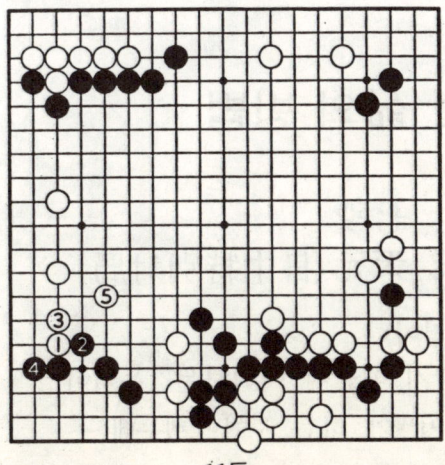

11 도

9 도 (속수)

백 1, 3 은 속수 이다. 이것은 실패이다.

이 다음에 흑 2 에서 6 의 받음이 있기 때문이다.

10도 (맥) 백 7, 9 이면 문제가 일어나지 않을까?

그러나 여기에는 10, 12로 대항하는 맥이 있다.

속수를 응징하는 수이다.

11도 (사석) 다음에 백 1, 3 으로 붙여 끈 다음에 백 5 로 뛰어 2점을 사석으로 이용함이 좋다.

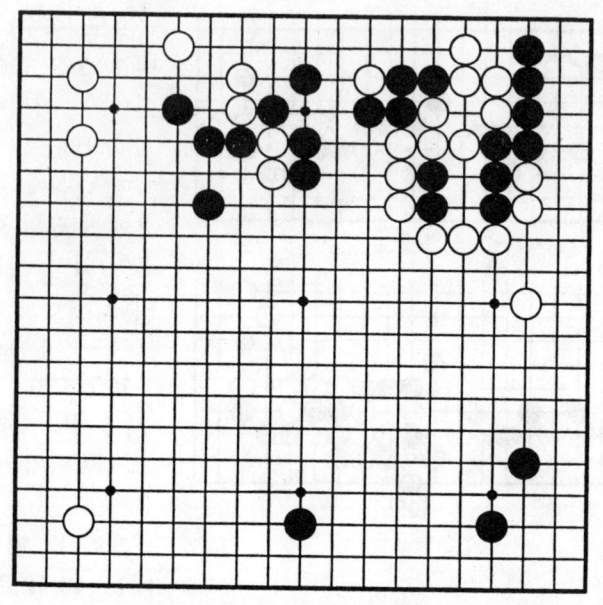

2. 흑선 삶의 방법

백 邵 震中 七段
흑 片岡 聡 天元 (日中特別対局)

좌상귀가 촛점이다.

손을 빼면 죽기 때문에 어찌하든 두어야
하는 곳이다. 어떻게 하든 두어야겠는데 ─.

삶을 어떻게 구해야 할까.

15

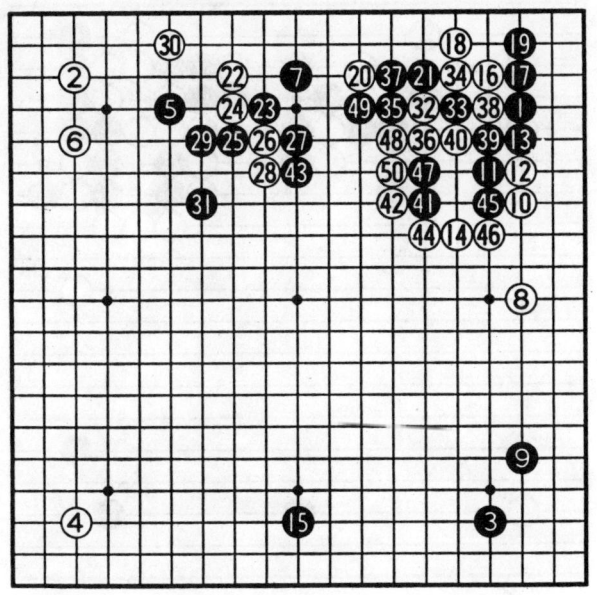

문제도까지의 수순
(1 ~50)

허리 붙임

편강 총 천원은 소목을 많이 둔다.

의식적으로 소(邵) 7 단이 양 3·3으로 대항했다. 허리 붙임의 스타트의 기회인데 —.

백16은 이 모양에선 맥점이다. 흑21에 백22의 응수가 변화의 여지가 있는 발상이다.

흑51은?

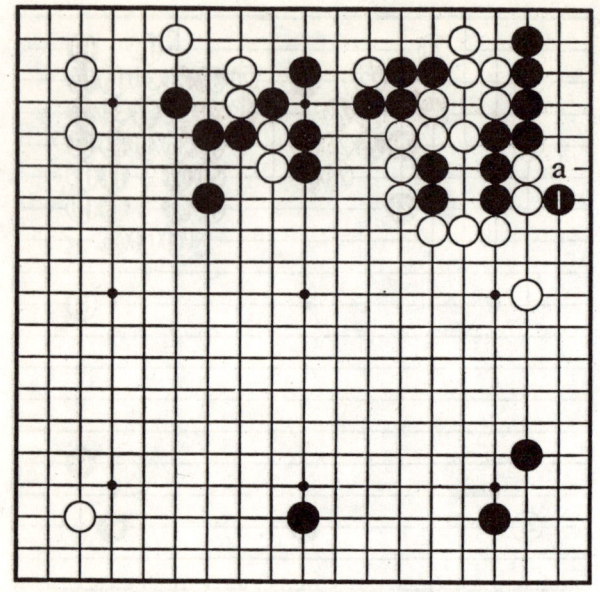

정 해 도

선수로 살기

혹a로 젖혀 삶을 결정하는 것은 좋다고 할 수 없다. 선입감으로도 백2점을 사석으로 이용할 건 뻔하다. 최선의 수를 찾아보자.

이곳에서의 정해는 프로의 수순이라고 할 수가 있다. 혹1의 붙임.

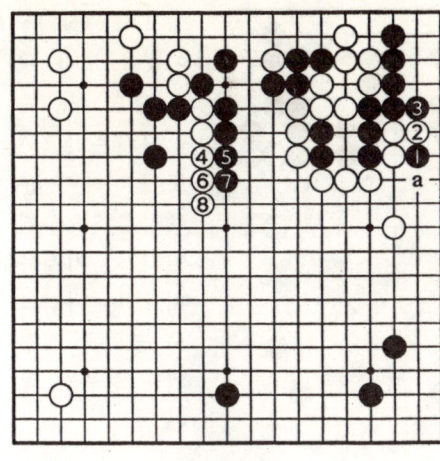

실전도 1

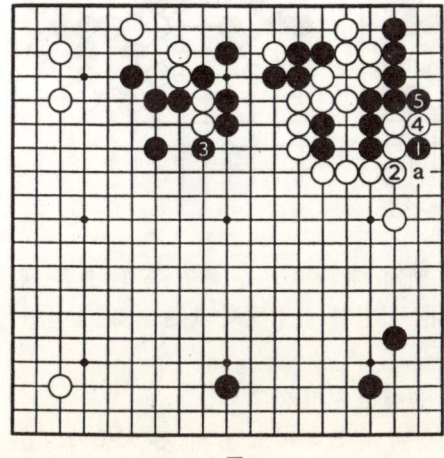

1 도

실전도 1 (1 ~ 8)

흑 1의 붙임에는 백 2, 흑 3, 백 a로 선수 삶을 노리는 맥이다.

흑 4의 수를 바꾸어 백 4로 뻗어 진출을 하면 a의 곳은 중반전의 큰 곳으로 남는다.

1 도 (선수로 삶) 백 2의 이음에는 흑 3으로 돌아간다.

백 4에는 5로 내려간다. 이 것이 흑 1을 둔 이후의 움직임이다.

백 2로 a해도 3의 수는 성립을 한다.

실전도가 최선이다.

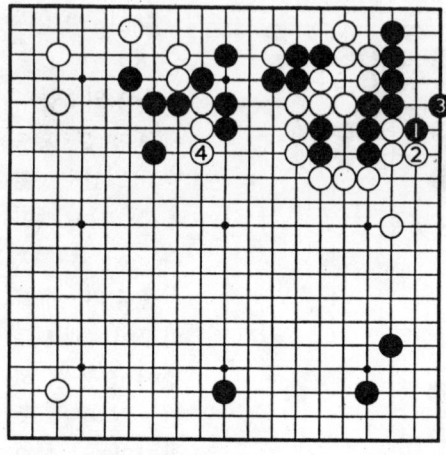

2 도 (손해)
이곳을 보자. 흑
1, 3 의 삶을―.
이것은 실전
도에 비해서 손
해임을 알 수가
있다. 이것은
미묘한 나감으
로 승부에 직결
되는 경우가 많
다.

2 도

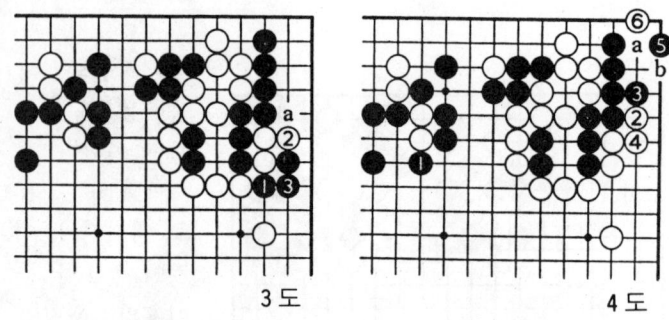

3 도   4 도

3 도 (이익) 흑의 맥에 대하여 손을 빼면 흑 1, 3 을 생
각해 볼 필요가 있다. 실전의 응접에서 흑 3 으로 a 이면
백이 조인다.

4 도 (죽음) 귀를 손빼면 어떨까?

그것은 백 2, 4 다음에 흑 5 하여도 6 의 곳 치중이 있
어 안된다. 흑 5 로 a 이면 b 의 치중이 있다.

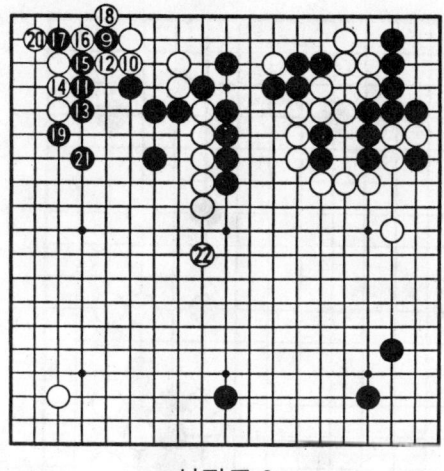

실전도 2

실전도 2 (9 ~22)

다음의 응접을 감상하여 보자.

흑 9, 11은 수순이다. 흑 9로 11을 먼저 두는 것은 백 12로 받는다. 본도의 17, 19가 있다.

백은 22로 뛰어나갈 수가 있어 아주 기분이 좋다.

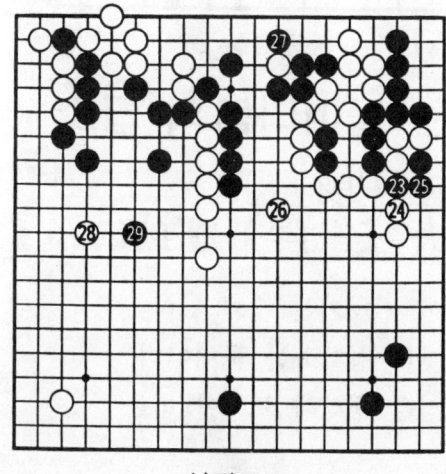

실전도 3

실전도 3 (23 ~29)

다음에 흑 23으로 3점을 끊어 잡음이 매우 크다.

백 26, 28로 호조로 후반에 돌입하게 된다.

여기까지 백 우세의 국면이다.

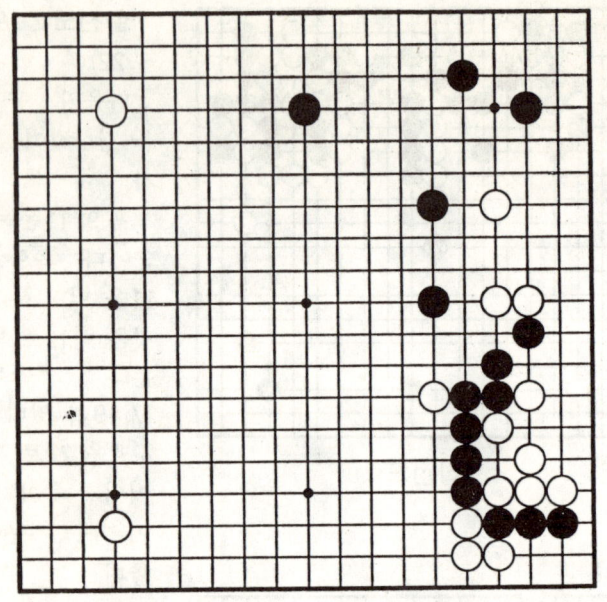

3. 흑선 들여다봄의 급소

백 小林光一 十段
흑 加藤正夫 王座 (早碁選手權戰)

우변에서 백이 건너가는 수가 있다.

흑선으로 이것을 방지하는 문제이다.

효과적인 착점을 생각해 보아야 하는 곳이다.

어느 곳을 선택하여야 하나?

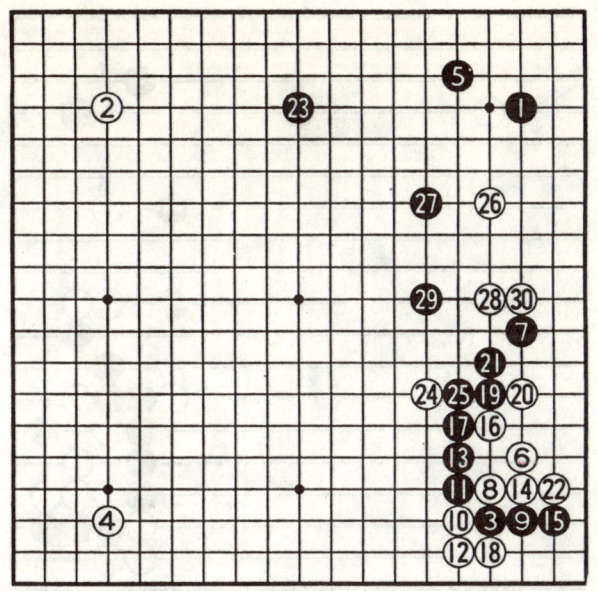

문제도까지의 수순

(1 ~ 30)

3칸 협공

백 8의 마늘모 붙임에서 흑13까지의 협공은 2칸 높은 협공에서 많이 두는 모양이다.

최근은 3칸 협공에서도 본도처럼 많이 두고 있는데 이것도 한 케이스라 할 수 있다.

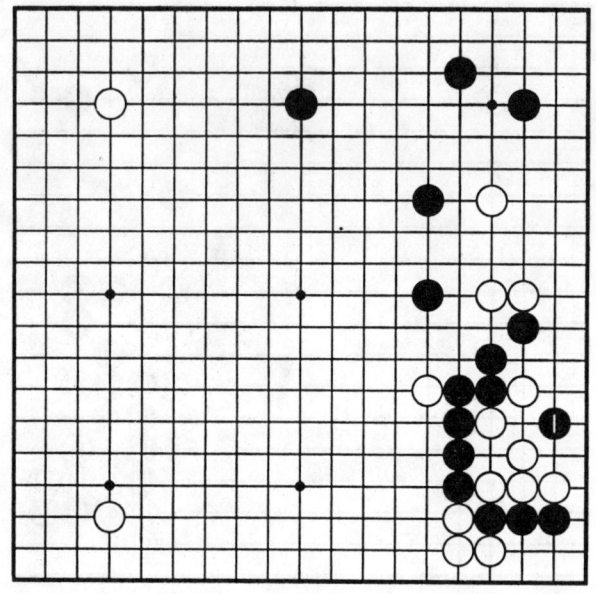

정 해 도

3점의 활력

 젖혀서 건너감을 방지하는 수는 많다.
 그러나 단순하여서는 의미가 없다. 우변
좌하귀의 백이 관련되어 있음을 생각해 보
아야 한다. 흑1의 엿봄이 최강의 수이다.
 다음에 좌하귀의 흑 3점의 활력을 볼 수
있도록 이용하여야 하는 곳이다.

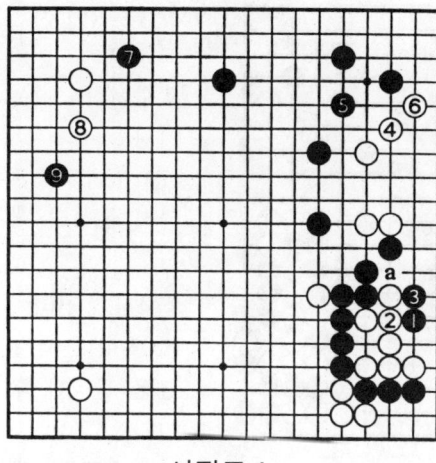

실전도 1

실전도 1 (1 ~ 9)

혹 1 이 호수이다. 백 2 에는 혹 3 으로 가만히 밀어둔다. 혹 a 로 밀어도 건너가지는 못한다.

일견 이곳은 손을 빼도 괜찮을 것 같아 보이지만 혹 3 점이 호시탐탐 기회를 노리고 있다.

1 도 (패를 노림) 혹 3 점의 활력은 혹 1, 3 의 젖혀 벌림이다. 귀의 특수성을 이용한 늘어진 패의 맥점이다.

2 도 (패) 백 4, 6 다음 7 까지 패이다.

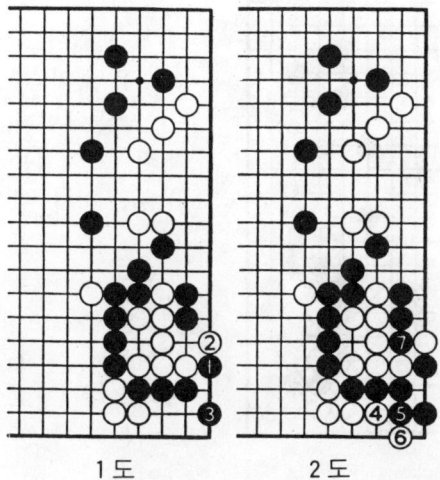

1 도   2 도

24

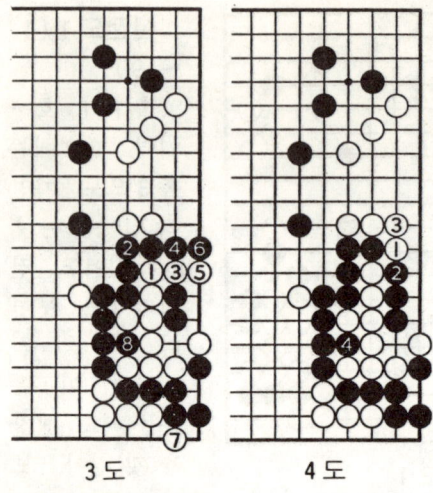

3 도   4 도

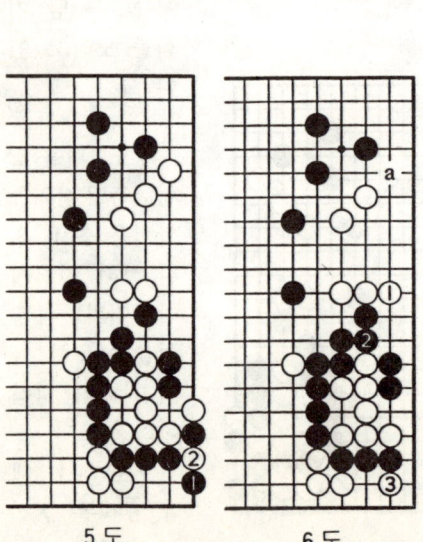

5 도   6 도

3 도 (변화)
백 1은 흑 2가
호수여서 이득
이다.

이후에 흑 8
까지 늘어진 패
다.

4 도 (건너가
지 못함) 백 1,
3은 무리한 수
이다.

흑 4 까지 백
이 죽는다.

5 도 (팻 감)
실전에서는 백
2 로 때렸다.

다음 흑의 팻
감이 문제이다.
변화의 여지는
전술한 바와 같
다.

6 도 (본수)
다음이 백a의
곳이여서 백 1,
3 의 내려서고
조이는 것이 본
수이다.

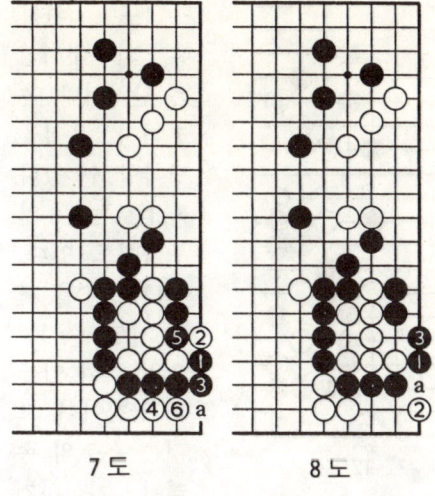

7 도   8 도

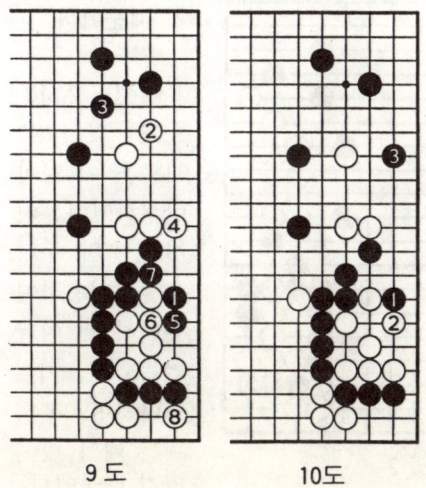

9 도   10도

7도(뒤떨구기) 흑1, 3 의 젖혀 이음은 어떨까?

흑3 은 a 의 곳이 맥점인데—. 이것은 6 까지 뒤떨구기를 당한다.

8도 (치중) 흑1에 대하여 백 2 의 치중은 흑3으로 실패다.

9도 (실패) 흑1로 건너감을 방지하는 것은 실패이다. 백 2, 4 가 호수이다. 백 8 까지 결과가 예상된다.

10도 (흑의 이상형) 백 2 의 받음에는 절호점인 흑3으로 되돌아간다.

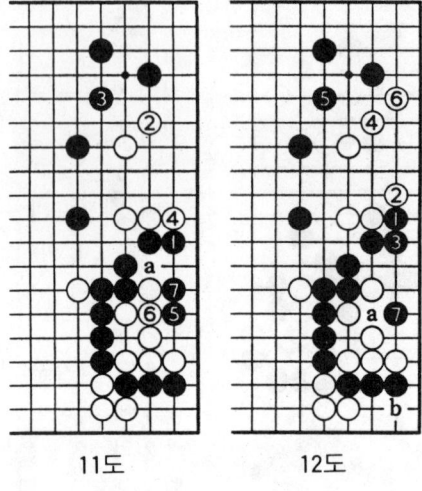

11도   12도

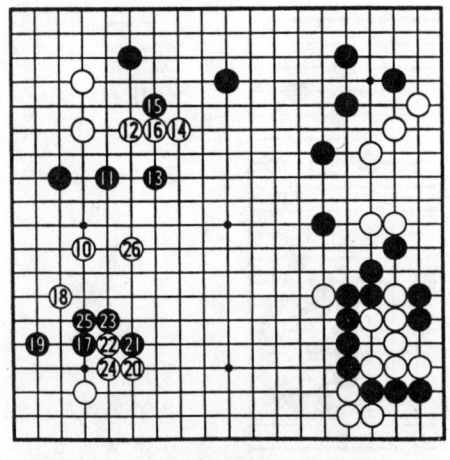

실전도 2

11도 (완착) 흑1의 내려섬은 완착이다. 흑 7까지 응접을 생각할 수 있다. 흑1로는 a의 부딪힘도 있다.

12도 (손을 빼도 가능) 흑1, 3의 젖혀 이음도 완착이다. 그것은 흑7의 손뺌이 가능하기 때문이다. 흑a이면 백b가 있기 때문이다.

실전도 2 (10 ~26) 좌하귀에 새로운 모양이 탄생하였다. 이것은 흑의 두터움을 이용하여 유리하게 이끌려는 의도이다 왜냐하면 우하귀는 패의 맛이 있기 때문이다.

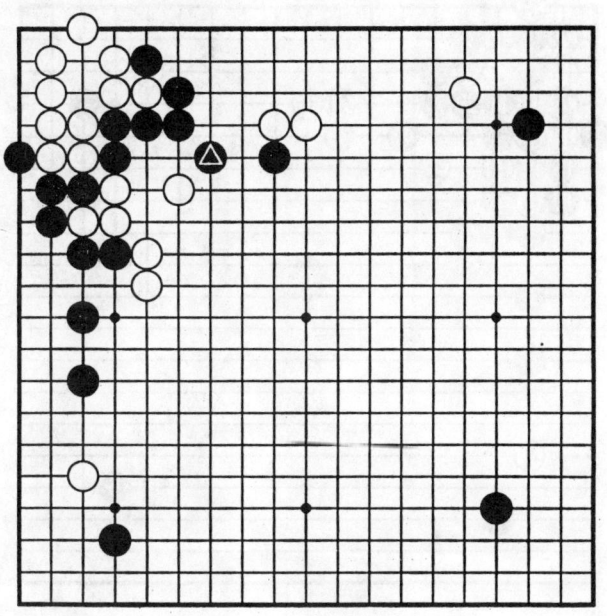

4. 백선 수의 경합

백 安倍吉輝 八段
흑 福井 進 六段(十段戰)

좌하귀를 살펴보면 흑⬤ 표가 백의 모양
을 위협하고 있다. 다음의 한 수는?

신수의 성공인가?

이 다음의 변화는 어찌될까?

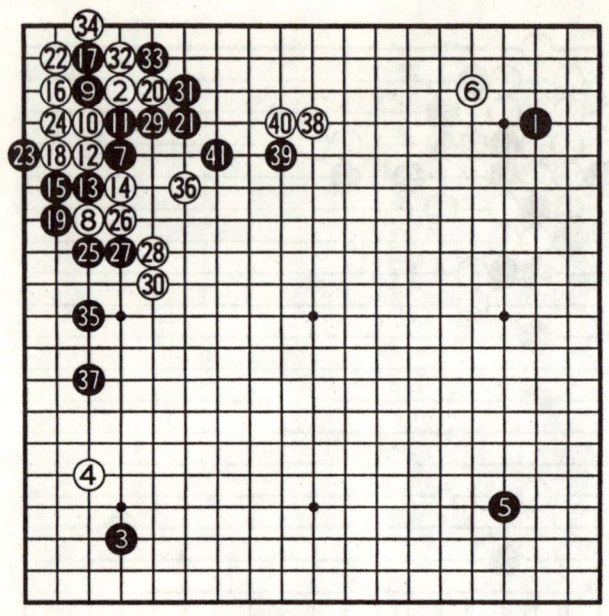

문제도까지의 수순
(1 ～41)

신수(新手)의 젖힘

좌하귀, 백 8 의 협공에 흑 9 의 붙임이 이 모양의 정석이다. 축은 흑이 유리하다. 그렇기 때문에 흑19의 수가 성립한다.

이하 **27**까지 정석형인데, 다음에 백**28**이 자만의 신수이다.

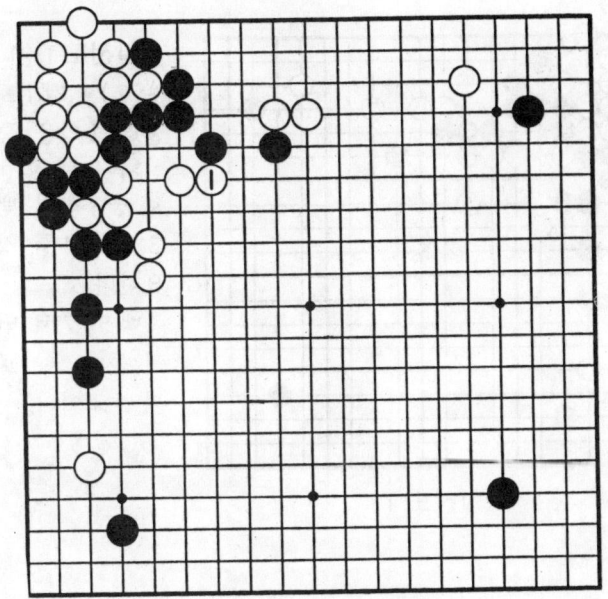

정 해 도

응수타진

다음에 백1의 누름인데, 흑 모양에 대한 호수이다.

막대기 처럼 이어서는 기분 나쁘다. 어떻게 두어야 할까? 생각이 많은 곳이다.

접촉전의 급소는 절대라고 할 수 있는가?

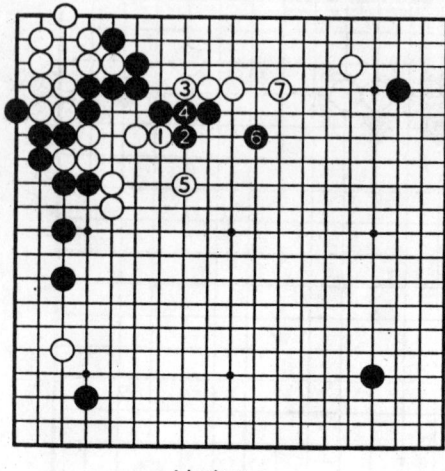

실전도 1

실전도 1 (1 ~ 7) 백 1 로 눌러 중앙을 중 시하였다. 흑 2 로 응수하면 백 3 으로 4 를 강 요한다.

백 5, 7 로 먼 저 둔다. 이로 써 호조이다.

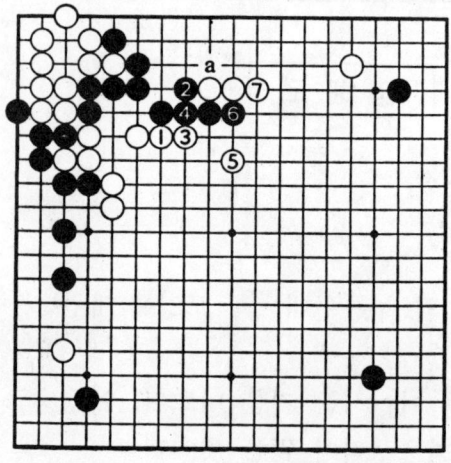

1 도

1 도 (변화) 흑 2 로 아래쪽 을 두면 백은 3 으로 4 를 강 요하고 5, 7 로 둔다.

흑 a 의 젖힘이 있어 일장일단 이 있는 곳이다.

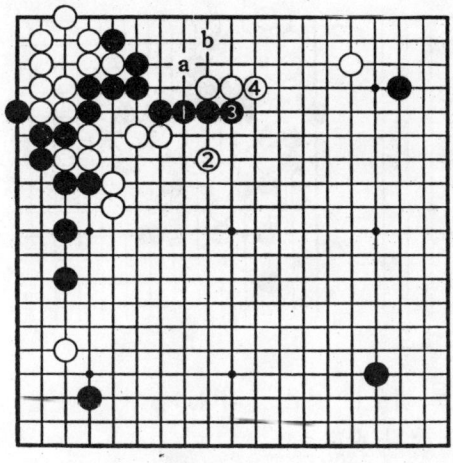

2 도 (막대기 이음) 이런점은 어떨까?

흑 1 의 막대기 이음이 그것이다. 이것은 의문이다.

흑a에는 b 가 있기 때문이다.

2 도

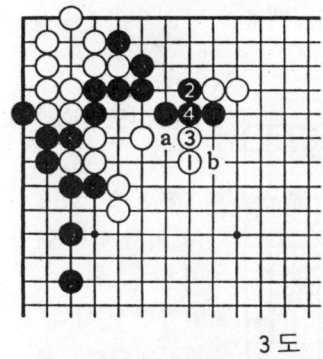

3 도

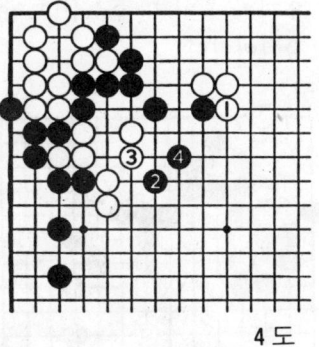

4 도

3 도(실패) 백 1 의 날일자는 실패이다.

1 도와 비교하여 보면 쉽게 알 수 있다. 백 1 과 3 은 a 와 b 를 비교할 때 상당한 차이다.

4 도(속수) 백 1 로 구부리는 것은 어떨까?

이것은 속수로 흑 2 로 급소의 다가섬이 있다.

주의하여야 한다. 백 3 이면 흑 4 로 모양을 갖춘다.

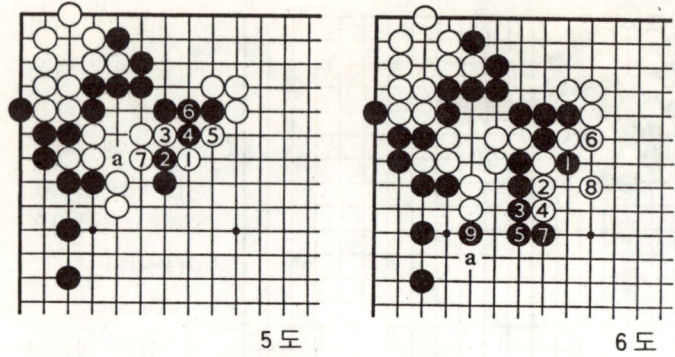

5 도   6 도

5 도(무리) 백 1 로 싸우는 것은 무리다. a의 단점을
백 7 로 지키지 않을 수가 없다.

6 도(모양) 흑 1 의 끊음에 백 2 로 나가는 것은 이하
9 까지 흑이 만족스런 모양이다. 백 6 으로 a 라면 한점을
잡아버린다.

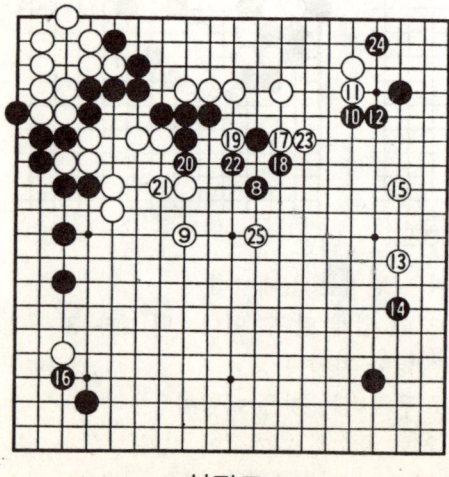

실전도 2

실전도 2 (8
~ 24)
흑 8 에 백 9
의 한칸 뜀은 여
러가지 의견이
있었던 곳이다.
등택수행 사
범은 백20이 두
터운 곳이라고
하였고, 복정정
명 7 단은 백12
로 씌워야 한다
고 하였다.

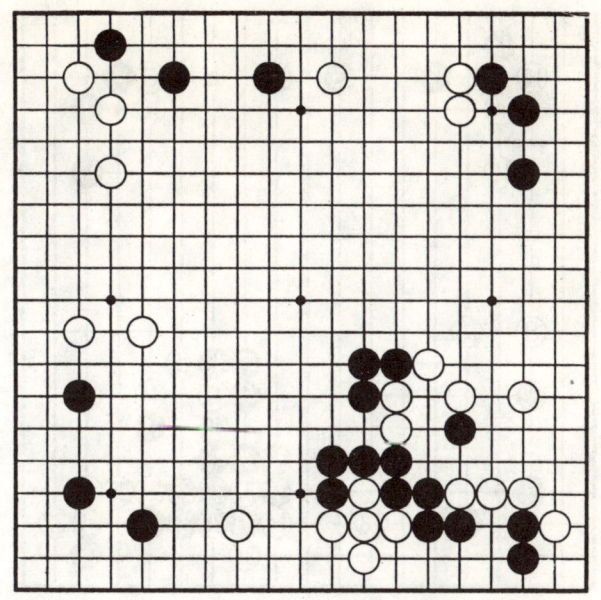

5. 백선 자만의 맥점

백 安倍吉輝 八段
흑 小杉 清 七段 (碁聖戰)

하변의 백은 손을 빼면 엄한 공격을 받는
다.
최고의 맥점의 영예를 안은 한 수가 있다.
독자 여러분도 찾아보라.

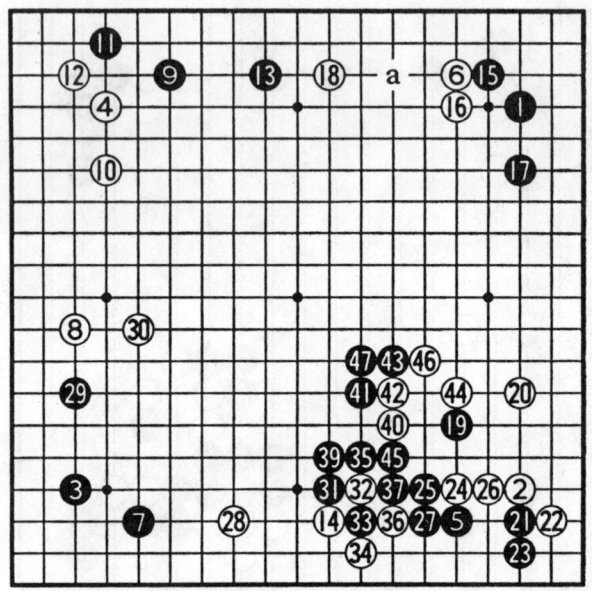

㊳이음 문제도까지의 수순
(1—47)

하변이 엷다

하변, 흑31의 붙임에서 39까지가 상용의 맥점이다.

백40에서 흑47까지 서로의 갈림인데 다음의 한 수가 어렵다.

상변 흑a의 침입이 있는 곳이여서 그전에 하변의 엷은 맛을—.

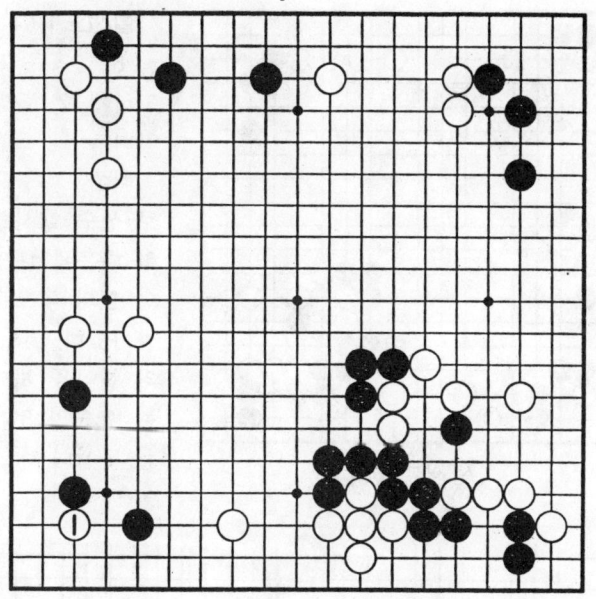

정 해 도

프로급 맥점

자만의 맥점은 백 1 의 붙임이다.

이 곳을 붙이는 것은 응수타진을 겸하여
백이 우위에 설 수 있는 분기점이다.

최상의 수로 격찬을 받은 점이다.

36

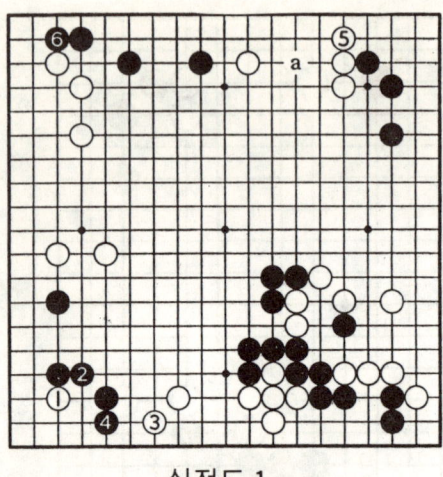

실전도 1

실전도 1 (1 ～ 6) 흑은 견고하게 2로 받았다.

백이 마늘모로 선수 행사를 한 다음에 대망의 5의 곳으로 돌아갔다. 흑a 의 침입을 지키는 백 5의 곳은 큰 곳이다.

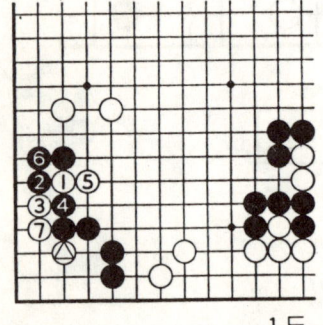

1 도

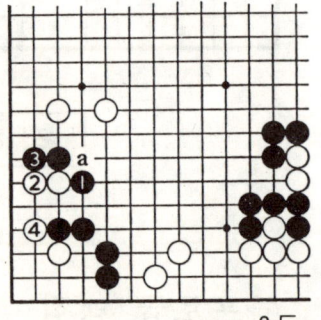

2 도

다음에 프로급 맥점을 소개한다.

1도(⬡의 움직임을 주목) 백 1의 붙임, 흑 2에는 3, 맛이 남는 곳이다. 백⬡가 있음을 염두에 두는 수.

2도(변화) 흑 1로 위쪽을 젖히는 것은 백 2, 4가 멋진 점이다.

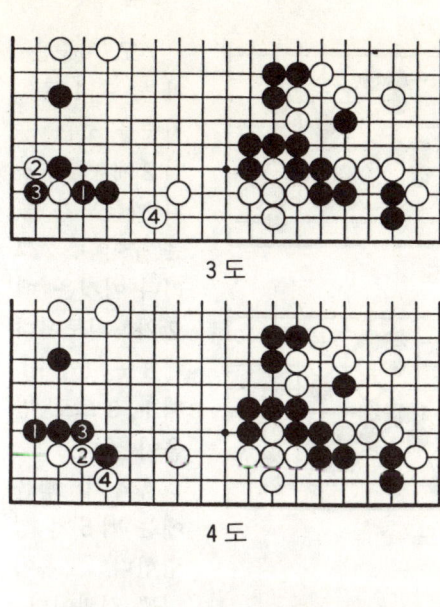

3 도

4 도

3 도(맛이 남는다) 흑 1의 부딪힘은 백 2, 흑 3을 교환하고 백 4로 둔다. 귀는 맛이 남는다.

4 도(백이 좋다.) 흑 1의 내려섬은 악수이다. 백 2, 4로 연락이 되어 이상형이 된다.

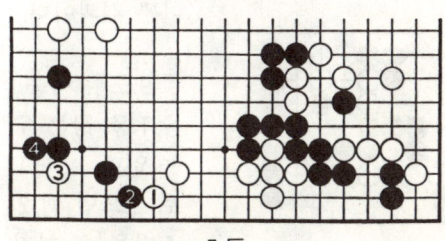

5 도

5 도(단순한 마늘모) 단순한 백 1의 마늘모는 흑 2를 교환하여 백 3에는 4의 곳을 응수하여 버린다.

6 도(흑선·문제) 이것은 백이 하변을 손빼면 어떻게 공격을 당하는가를 나타내는 원형이다.

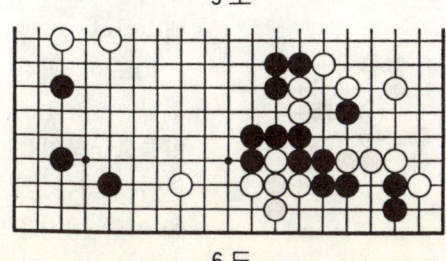

6 도

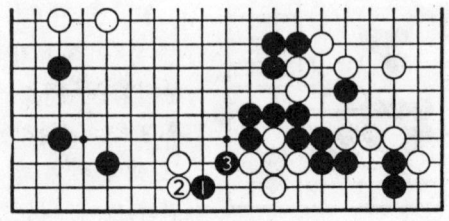

7 도

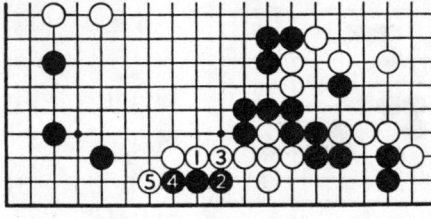

8 도

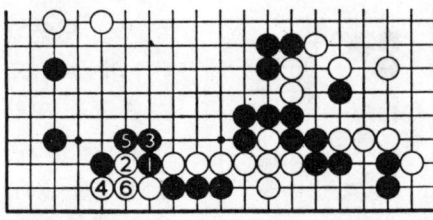

9 도

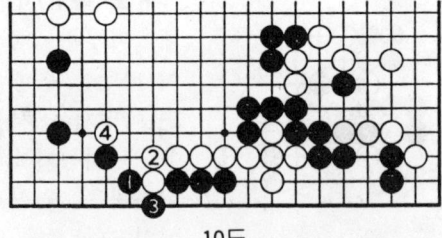

10도

7 도(치중은 의문) 흑 1 로 치중을 하는 수. 백 2 에는 흑 3 의 마늘모가 좋은 수이다. 그러나 이것은 백 2 가 의문이다.

8 도 (악수) 백 1, 3 으로 받음이 좋다.

흑 4 의 뻗음에는 백 5 가 성립한다. 흑이 나쁜 결과이다.

9 도 (백승) 흑 1 로 끊는 수는 없다. 흑 1 로 끊으면 백 2, 4 다음 6 까지 백승이다.

10도 (궁핍한 건넘) 흑 1 로 마늘모 붙임을 하여 건너는 것은 엄한 공격을 받는다.

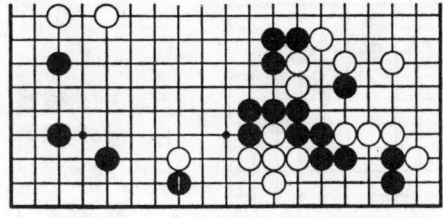

11도

11도 (공격의 맥점) 정해는 흑 1의 아래 붙임이다.

이곳이 백을 공격하는 엄한 곳이다.

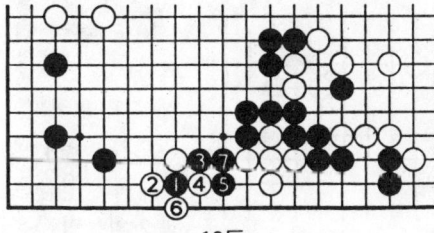

12도

12도 (반발) 백 2로 젖히면 흑 3으로 반발을 한다.

이 점이 강수로 오른쪽의 백 5점이 떨어진다.

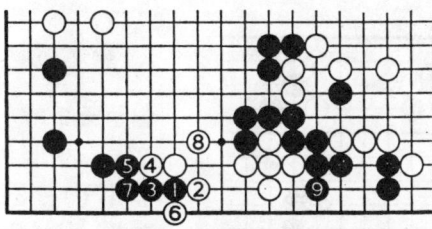

13도

13도 (집이 불안) 백 2의 받음이다. 이것은 흑 9까지 전체가 불안하다.

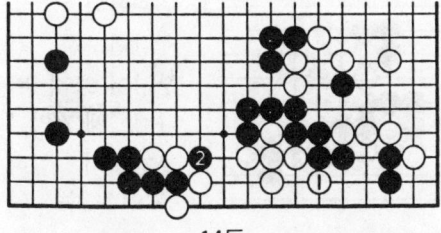

14도

14도 (흑이 좋다) 전도의 백 8의 수로 1의 곳을 벌리는 것은 흑 2의 끊음이 크다.

40

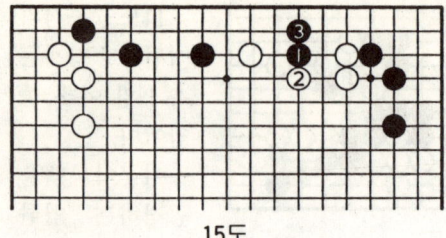

15도

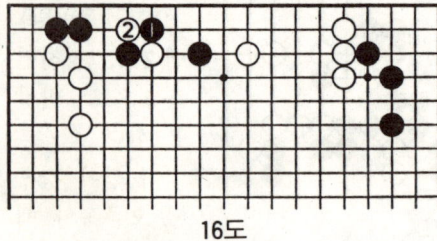

16도

15도 (침입)
상변 흑1이 크
다는 것은 앞에
서도 말한 바가
있다. 백2, 흑
3의 맥점이 엄
한 곳이다.

16도 (흑이 나
쁘다) 실전도 2
의 흑8까지,
본도의 흑1로
아래쪽 받음은
백2의 맞끊음
이 있다.

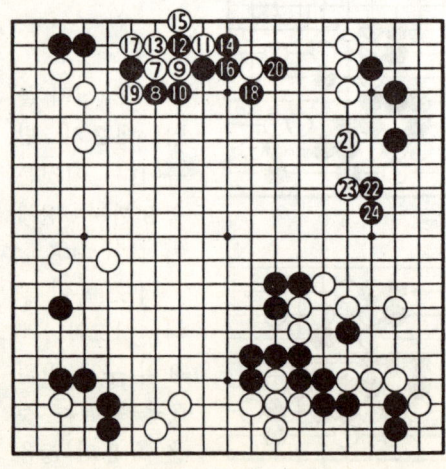

실전도 2

실전도 2 (7
~ 24) 자만의
맥점이 있다. 문
제도의 난해한
부분이다.

실전도를 감
상하여 보기 바
란다. 백7의
붙임에서 실리
를 얻을 수 있
는 진행이다.

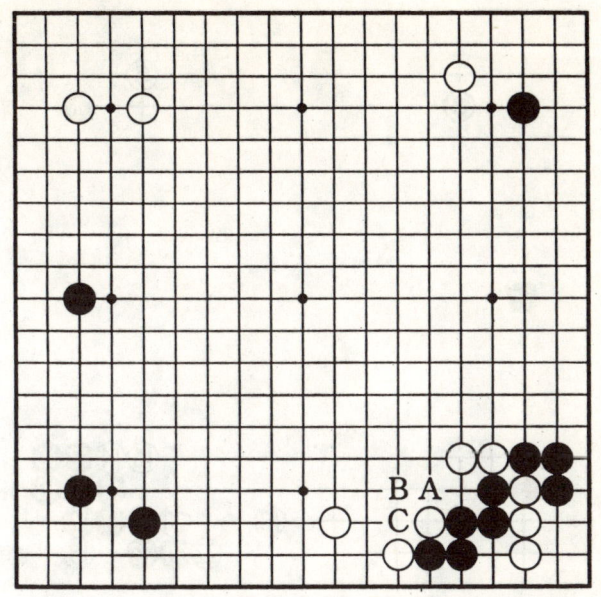

6. 백선 3칸 협공의 모양

백 安倍吉輝 八段
흑 長沼　信 六段(名人戰)

우하귀에서 소목 3칸 협공이 진행 중이
다.

다음의 한 수를 A, B, C의 곳에서 한수
로 받아야 한다.

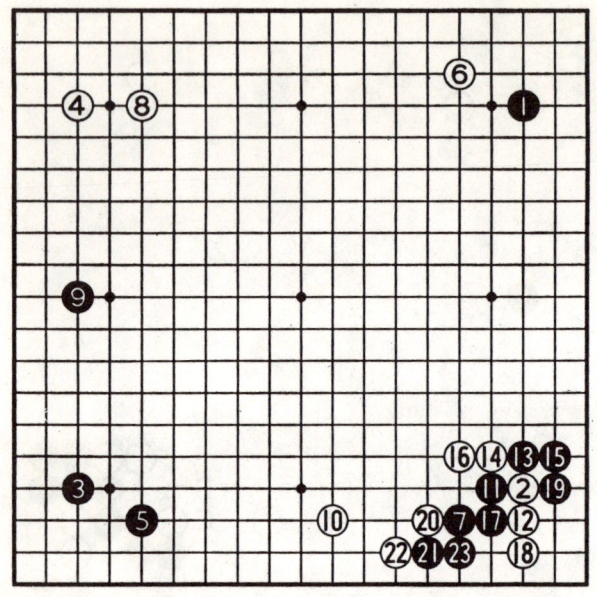

문제도까지의 수순
(1 ~23)

백이 유리한 축

백10의 3칸 협공에 대하여 흑11의 마늘
모 붙임의 응접이다.

백12에서 23까지 정석 모양이다.

백20, 22는 축이 유리한 배경의 강타이
다.

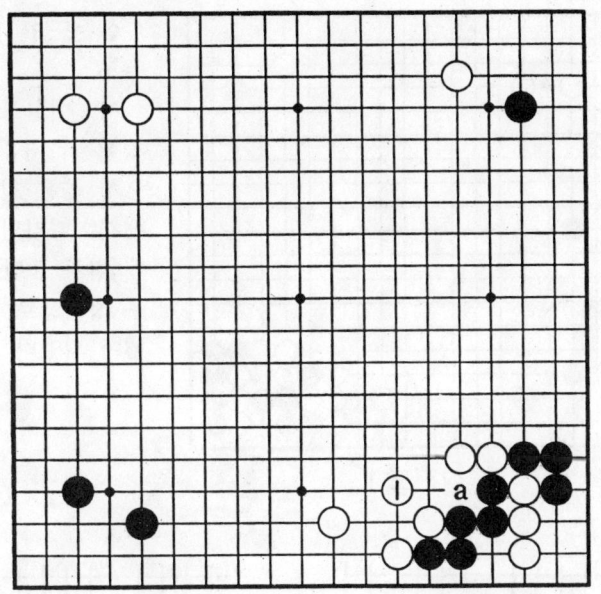

정 해 도

호구의 맥

묘한 감상이 있는 곳이다.

여러가지의 점을 감안할 때 백 1 의 호구
가 좋은 모양임을 깊이 새겨두기 바란다.

백a의 막음은 반대로 흑이 1 의 곳 급소
에 다가선다.

돌의 움직임이 중요하다.

44

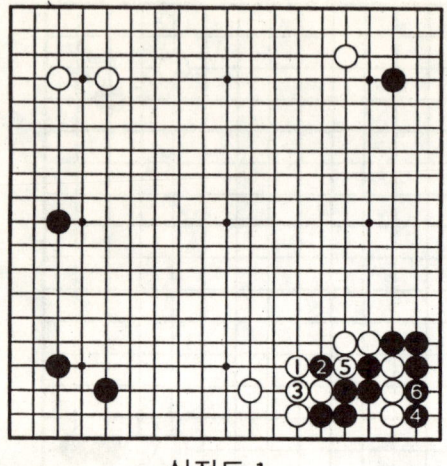

이 마늘모의
정석은 처음에
2칸 높은 정석
에서 나타났는
데 점차 3칸 높
은 정석으로 진
행이 되었다.

실전도 1

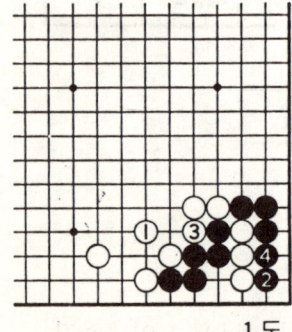

1 도

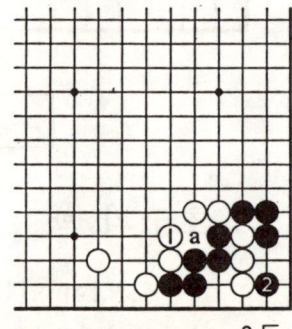

2 도

1 도(정석) 백 1에서 흑 4까지의 진행이다. 백 3의
이익이 남는다. 그래서 백 1의 모양을 납득할 수가 있다.

2 도(단순) 백 1로 올라서는 것은 너무 단순한 모양이
다. 백a 가 공배여서 중도반단이다.

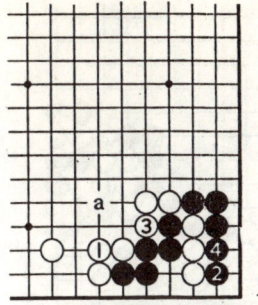

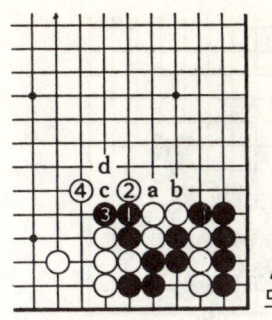

3도(급소가 남는다) 백 1의 이음을 평가하여 보면 나중에 a의 곳 급소가 남아서 불만이다.

4도(장문) 실전에서 흑 1의 나감이 문제이다.

그러면 백 2로 단수하고 4의 장문이 성립을 한다. a로 단수하고 나가는 것은 축이 성립을 한다.

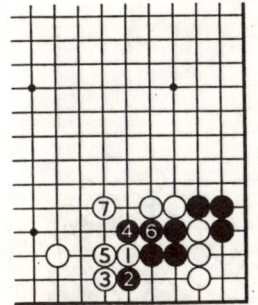
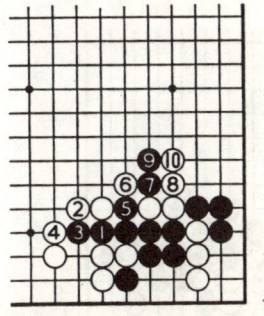

5도(변화) 백 1, 3은 축이 유리한 모양에서 두는 방법으로 이것은 앞에서 설명을 한 바가 있다. 흑 4, 6에는 7까지 장문한 다음의 문제이다.

6도(맛이 나쁘다.) 흑 1로 나가는 것은 2로 미는 수가 있어 변화의 여지가 많다.

다음에 5, 7로 끊고 나가 맛이 나쁘다.

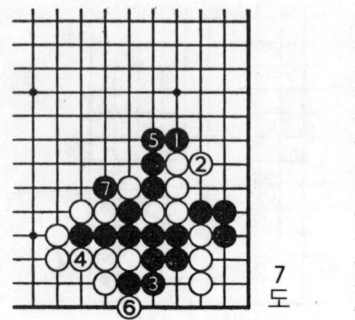
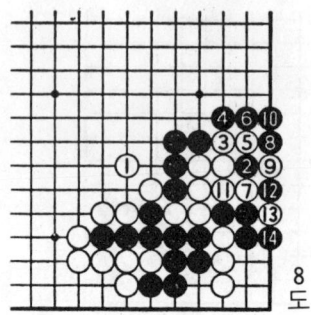

7도(축 관계) 흑 1 의 젖힘에서 5 의 이음.

그 다음 7 로 끊어서 축의 좋고 나쁨이 승부를 결정한다.

8도(패) 축이 나쁘다면 백 1 의 지킴이다.

그러면 흑 2 의 아래쪽 붙임에서 흑14까지 패가 된다.

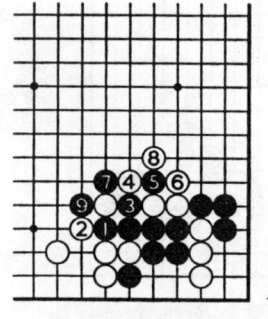
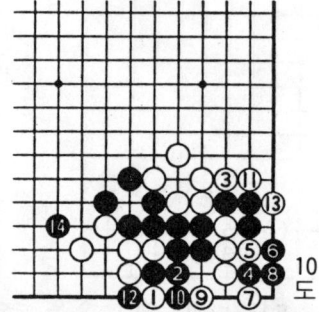

9도(축이 나쁘면) 축 관계가 백이 나쁜 모양에서는 백 2 의 차단이 강수이다.

10도(묘수) 백 1 의 단수가 묘수의 움직임이다.

백이 공격을 승리할 수가 있다. 다음 흑14가 큰 곳임을 주의하라.

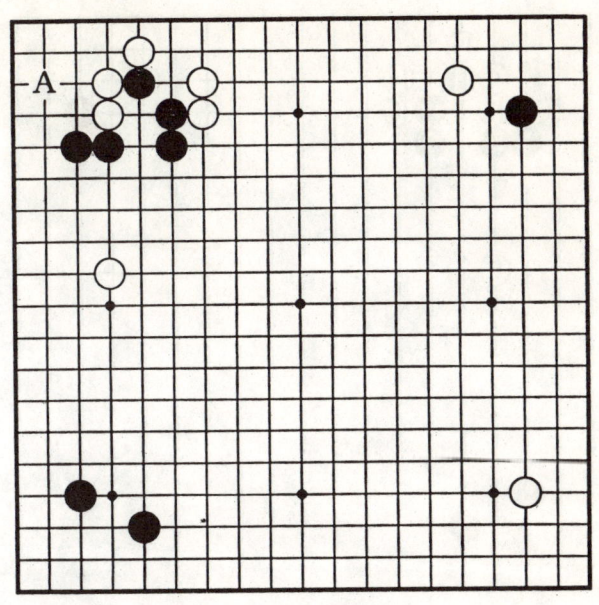

7. 흑선 신형(新型)

백 安倍吉輝 八段
흑 梶 和爲 八段(昇段戰)

우선 좌하귀를 살펴보자.

당연한 모양이지만 신형이다.

귀는 백A의 지키는 수가 호수인데 흑의
좋은 수는?

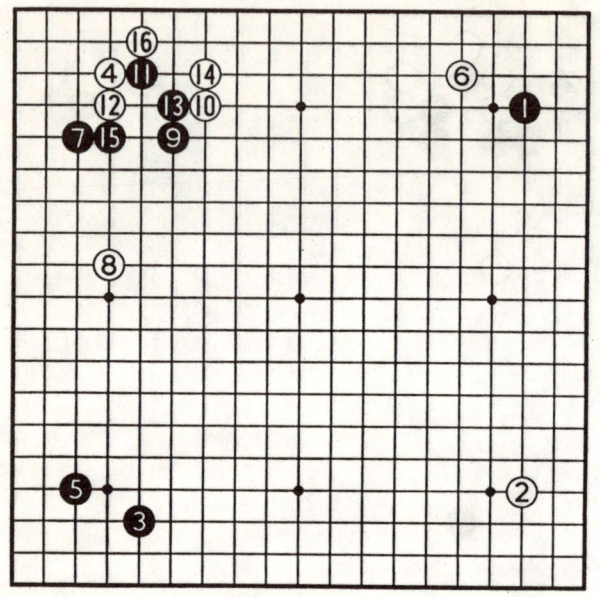

문제도까지의 수순

(1 ～16)

3칸 협공

좌하귀가 촛점이다.

2칸 높은 협공에서는 백10은 진귀하지 않다. 3칸 높은 협공에서의 백10은 신수이 다. 백14는 당연하다. 백14로 15는, 흑14로 흑이 유리하다.

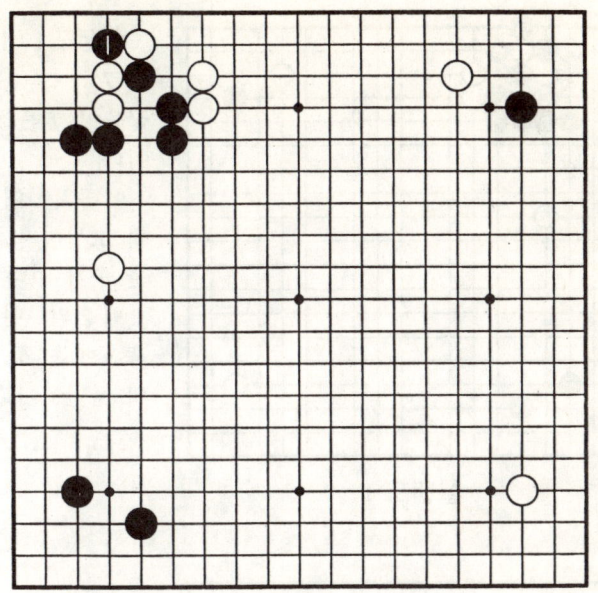

정 해 도

끊는 맥

우형의 맥은 여러가지의 나쁜 점이 있다.
이 모양에서의 급소는 흑1이다.
흑1의 끊음, 이 맥점이 아주 좋다.
왜 좋은 수인가. 이후의 변화를 살펴보자.

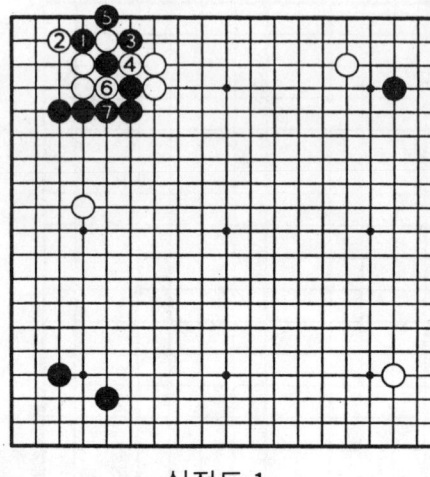

실전도 1

실전도 1 (1
~ 7) 흑 1 의
끊음이 좋은 수
이다.

이곳의 대응
에 고심하지 않
을 수가 없다.

백 2 의 단수,
흑 3 에는 4, 6
의 절단이다.

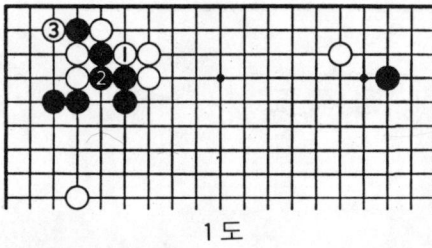

1 도

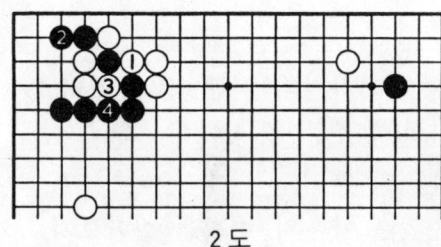

2 도

1 도 (끝내기)
백 1 로 단수하
고 3 으로 잡는
것은 어떨까?

이 수에는 다
음 그림의 방법
이 있다.

2 도 (흑이 좋
다.) 백 1 의 단
수에 흑 2 의 뻗
음이 호수이다.
흑이 좋은 결과
이다.

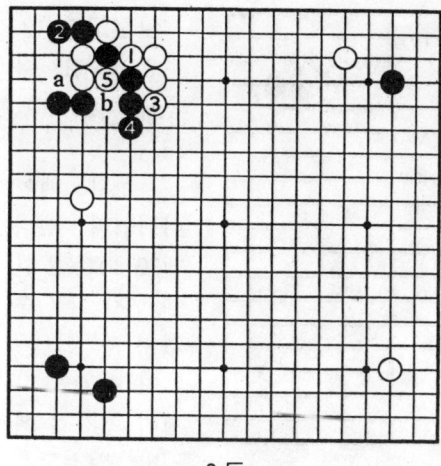

3 도

3 도(좋은 수순) 백 1 의 단수는 좋은 점인가?

흑 2 에는 백 3 의 미는 점이 좋은 수순이다.

백 5 로 잡아도 흑은 a 나 b 의 받음이 없어서 이 교환이 빛난다.

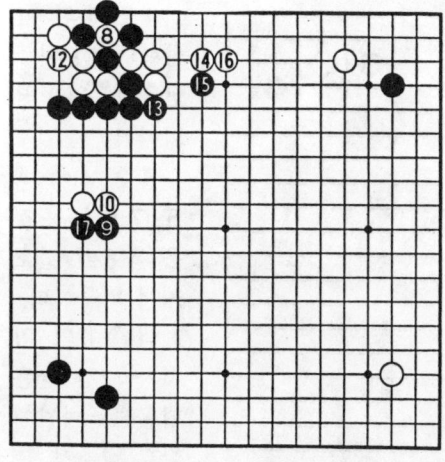

⑪ 패때림   실전도 2

실전도 2 (8 ~ 17) 백 8 의 패 때림 이하를 소개하려고 한다. 맛이 나빠 백12의 이음, 다음에 흑13의 누름에서 17까지다.

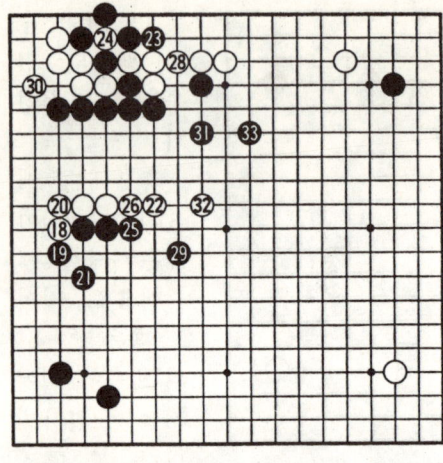

❷❼ 패때림   실전도 3

실전도 3 (18 ~ 33) 흑23 다음에 흑29, 31, 33.

좌우의 백이 나뉘어져 있다. 백30으로 2선에 두지 않을 수 없다.

이 바둑을 다행히 이기긴 했지만 악전고투였다.

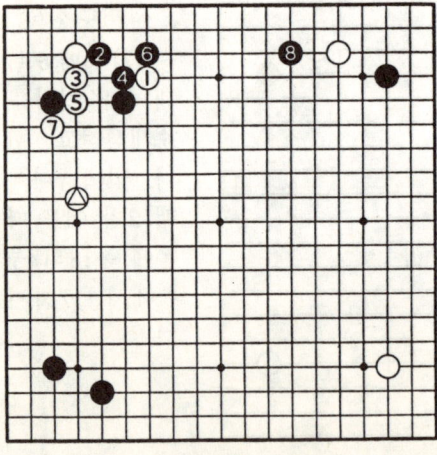

4 도

4도(흑의 이상형) 백 1 의 신수이후의 변화이다.

흑 2, 4 에 백 5, 7 로 두는 것은 흑 8 이 절호여서 의문이다.

백△표의 위치가 2칸 높은 협공에 대하여 한칸 넓음이 문제이다.

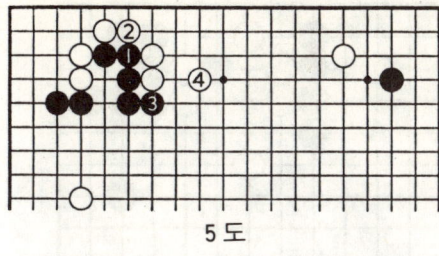

5 도

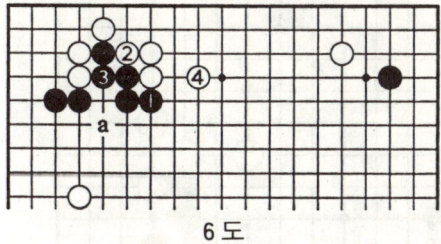

6 도

5 도(흑의 모
양) 흑 1로 두
는 것은 흑 전체
의 공격이 있어
나쁘다.

6 도(나쁘다)
흑 1은 나쁘다.
백 2, 4로 받음
에는 빈삼각의
모양이다.

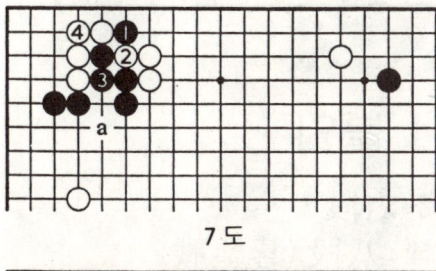

7 도

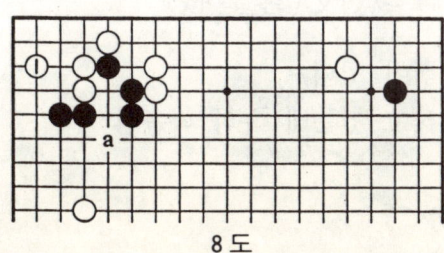

8 도

7 도 (실패)
흑 1의 젖힘이
이 모양에서는
우형이다. (백a
가 엄하다)

8 도(백의 이
상형) 손을 빼
면 백 1의 한칸
이 절호점이다.
a 의 노림이
남는다.

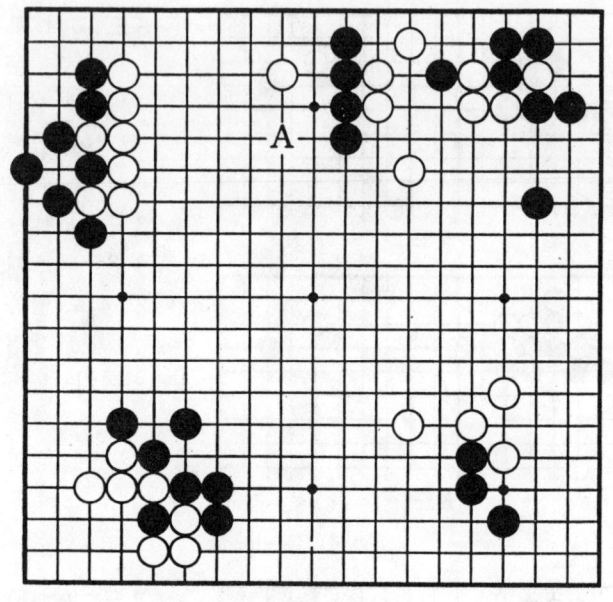

8. 흑선 붙임

백 土井 誠 六段
흑 安倍吉輝 八段 (碁聖戰)

상변에 흑 4 점이 있다.

백A로 두지 않고 있는데 흑의 다음의 한 수가 중요하다.

다음의 한 수는?

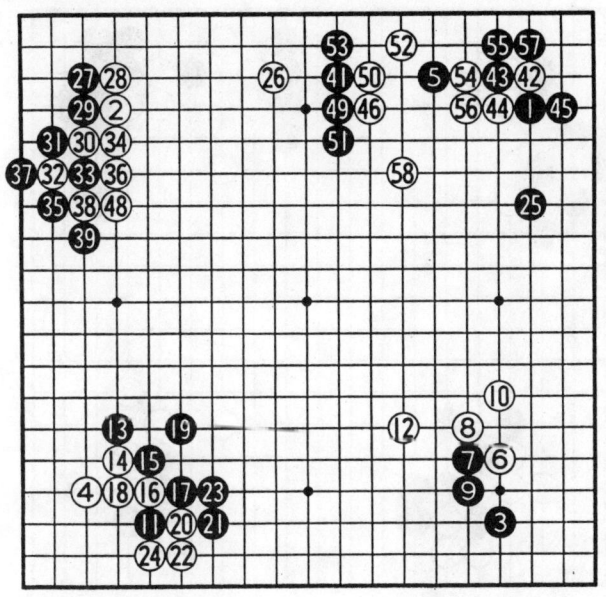

⑩패 ⑰″ 문제도까지의 수순
(1 ~58)

의문의 신수

좌하귀, 흑13의 씌움에 백14,16의 응수
가 대사의 알기 쉬운 정석이다.

흑19가 신수인데 이것은 의문의 신수이
다.

자, 상변에 흑 4 점이 고립되어 있다. 이
것이 문제이다.

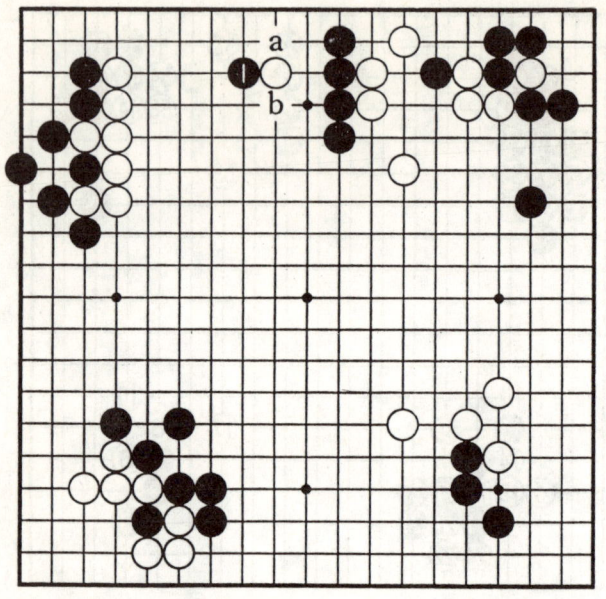

정 해 도

붙임의 급소

이런 모양에서의 맥을 생각해 보자.

흑의 붙이는 수가 촛점이다.

흑1에 대하여 a와 b는 맞보기.

맥점이다.

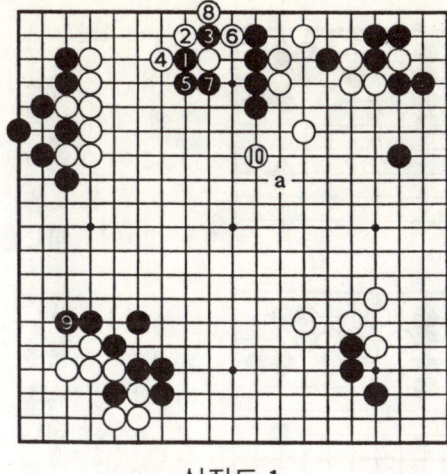

실전도 1

실전도 1 (1
～ 9)

흑 1 의 붙임
에 대하여 백 2
의 아래쪽 젖힘
이 최강이다. 흑
3 의 끊음으로
대항한다. 이하
7까지 모양이다.

흑 9 는 완착
이고 백10이 좋
은 곳이다. 흑 9
는 중앙 a 로 두
는 한 수이다.

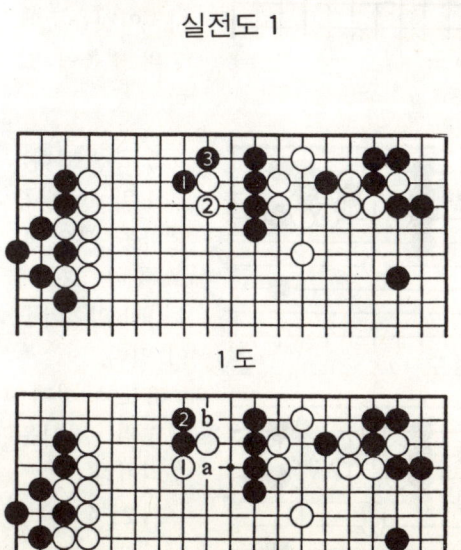

1 도

2 도

1 도 (맞보기)
흑 1 의 붙임에
백 2 의 올라섬
이 좋은 수. 백
2 로 3 은 흑 2
로 맞보기이다.

2 도 (위쪽 젖
힘) 백 1 의 위
쪽 젖힘에는 흑
2 의 내림이 있
다. a 의 끊음과
b 의 건너감이
맞보기이다.

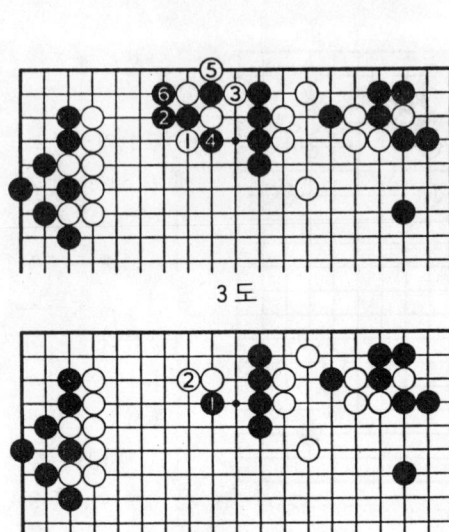

3 도

3 도(백이 나쁘다) 흑의 끊음에 대하여 백 1, 3은 무리이다. 흑 4, 6으로 반대로 잡는다.

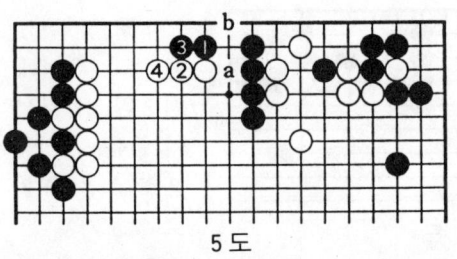

4 도

4 도(무책) 흑 1로 위쪽을 누르는 것은 좋은 착상이 아니다. 이것은 백 2의 뻗음이 있다.

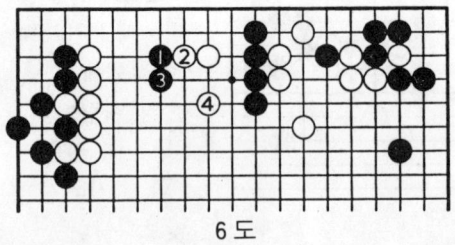

5 도

5 도(두텁다) 흑 1의 아래쪽 붙임은 백 2, 4로 좋다. 흑 a에는 백 b의 치중이 있다.

6 도

6 도 (실패) 흑 1의 침입은 무리이다.

백 2, 4로 그만이다.

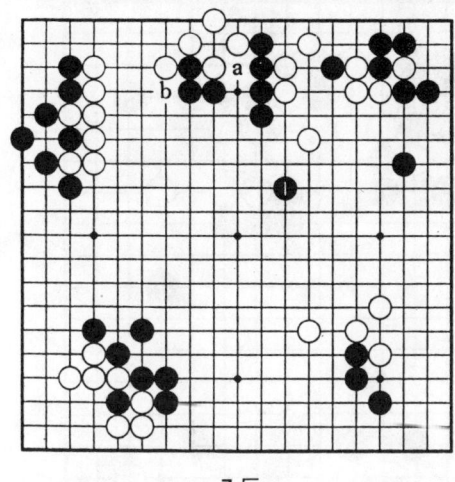

7 도

7 도 (눈목자)
패착을 두기 직
전의 국면이다.
　상변의 흑돌
이 강함을 감안
한 백 1 의 눈목
자가 쟁처이다.
　흑a 나 b 의 선
수 이익이 있다.

실전도 2 (11
~22)
　백 ◎ 표가 공
방의 요점으로
불각의 수이다.
　흑돌의 흐름
을 나쁘게 만든
다.
　흑11에는 백
16의 날일자, '공
격은 날일자'라
는 말이 있듯이
경쾌하게 둔다.
백의 2집 반승.

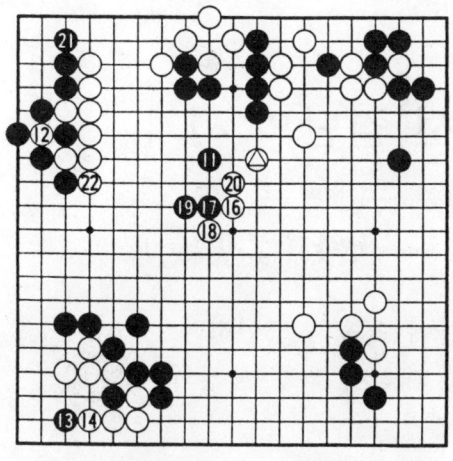

❶❺ 패때림　　실전도 2

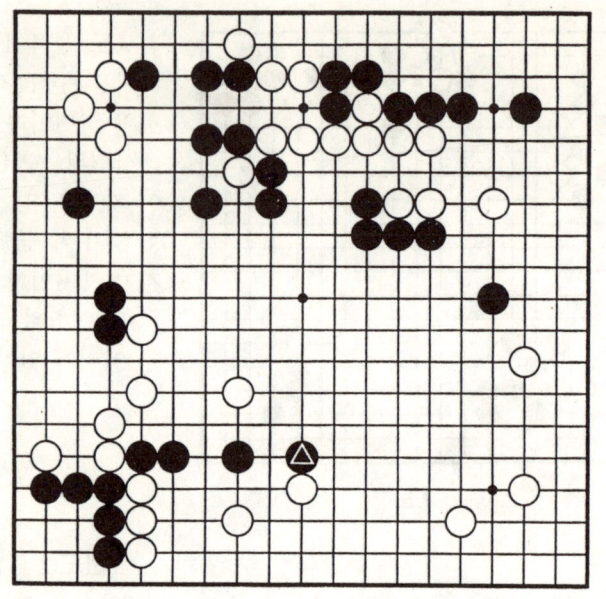

9. 백선 결단의 시기

백 安倍吉輝 八段
흑 淡路修三 八段 (棋聖戰)

흑△표의 붙이는 수는 당연하다.

하변의 백에 대하여 좌변 중앙의 백의 대마에 복판을 찔렀다.

백의 응수는?

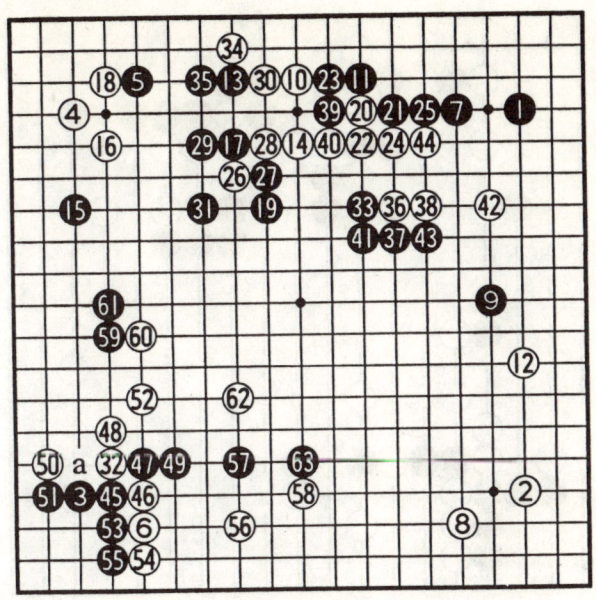

문제도까지의 수순
(1 ~63)

엄한 나가 끊음

좌하귀, 백32의 씌움으로 돌아가서 백이 두는 방법을 생각해 보아야 한다.

이에 대하여 흑45, 47 의 나가끊음에 대한 수이다.

흑a로 중앙 흑의 두터운 맛이 삭감된다.

흑63의 붙임에 대한 대책은?

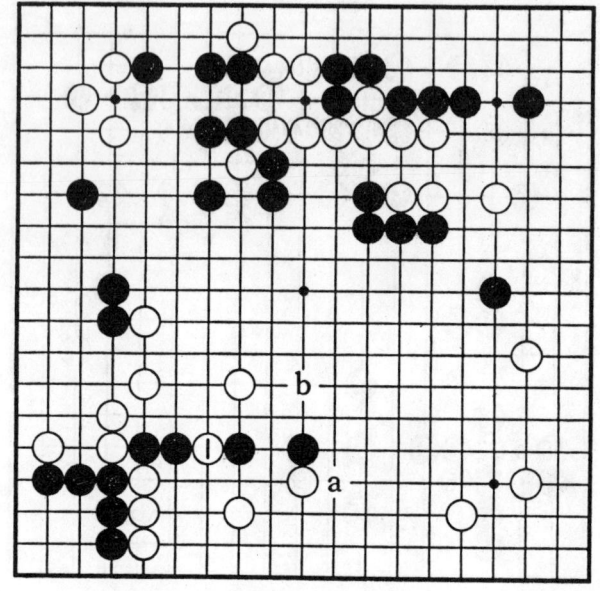

정 해 도

이 한수의 끼움

이 곳에 두는 승부수는 백 1 의 끼움이다.

여기에는 결단을 요구하는 한 수이다.

그냥 백a의 뻗음은 흑b가 있어서 좋지가

않다.

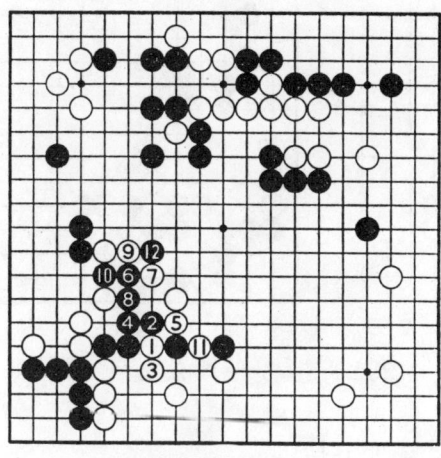

실전도 1

실전도 1 (1 ~ 12) 백 1 의 끼움에 대하여 흑 2, 4 의 응수. 다음 백 5 에서 흑12의 끊음까지 한길이다. 좌변의 흑의 실리와 백11의 단수로 중앙이 두텁다.

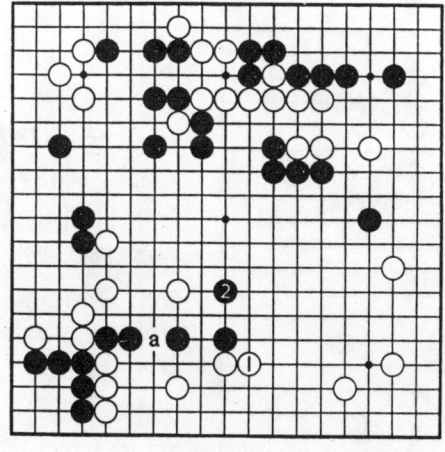

1 도

1 도 (뻗음) 백 1 로 그냥 4 선을 뻗는 것은 흑 2 로 뛰어 호점이다.

이로써 a 의 약점을 보강한다. 이 차이는 주도권이 흑에게 있음을 본다.

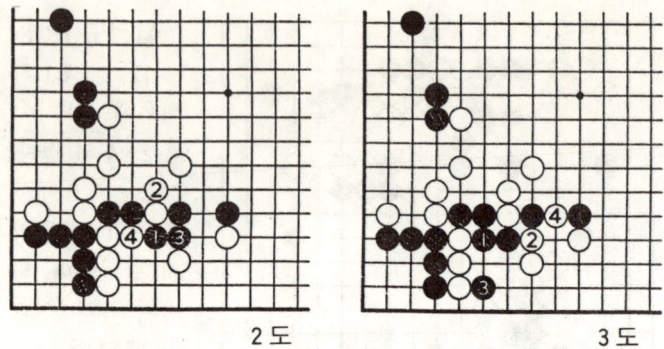

2 도   3 도

2 도(의문) 흑 1, 3 으로 두는 것은 백 2, 4 가 있어 의
문이다.

귀의 흑의 사활도 문제이다.

3 도(두터운 맛) 흑 1 의 이음은 백 2 이면 3점을 잡는
다.

실전에서 자주 나타나는 모양이다.

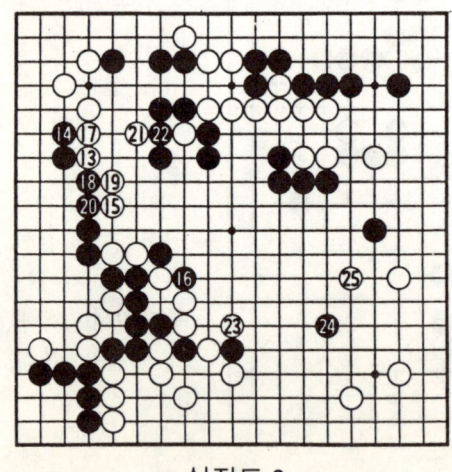

실전도 2

실전도 2 (13
〜25) 백13의
붙임에 대하여
흑14이하 백21
까지. 흑의 중
앙의 두터운 맛
이 삭감된다.

바둑은 흑24
의 삭감부터가
문제이다.

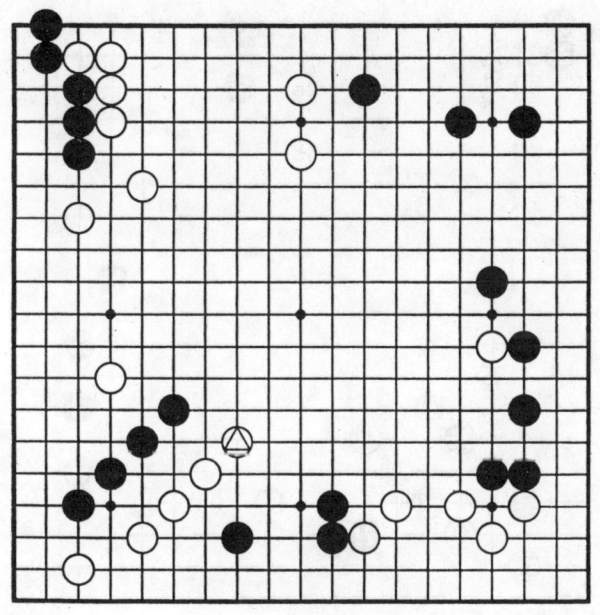

10. 흑선 날개가 넷

백 奧村英夫 七段
흑 上村邦夫 七段 (棋聖戰)

백△의 마늘모는 당연한 수이다. 사실은
완착이다.

흑의 날개가 넷인데 맥점은 어느 곳일까?

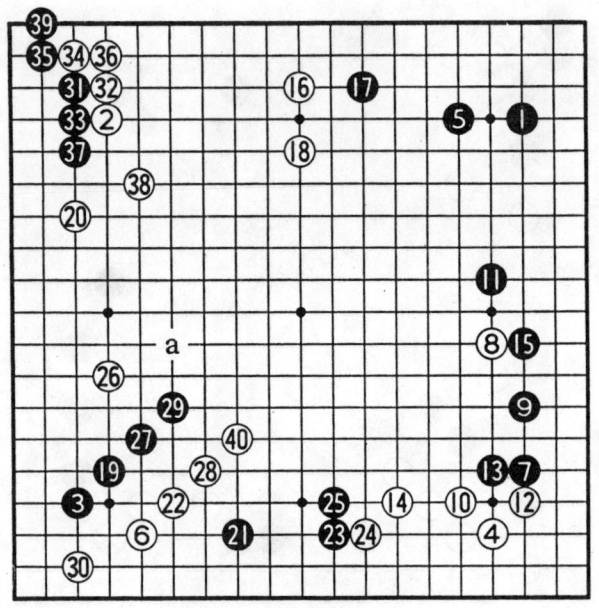

문제도까지의 수순

(1 ~40)

즐거운 비수

백40의 마늘모에는 백a의 협공도 있다는
주정맹 9단의 평이다.

오촌 7단은 봉쇄를 생각할 수 있다.

백40까지 되었는데 이 다음의 포인트는?

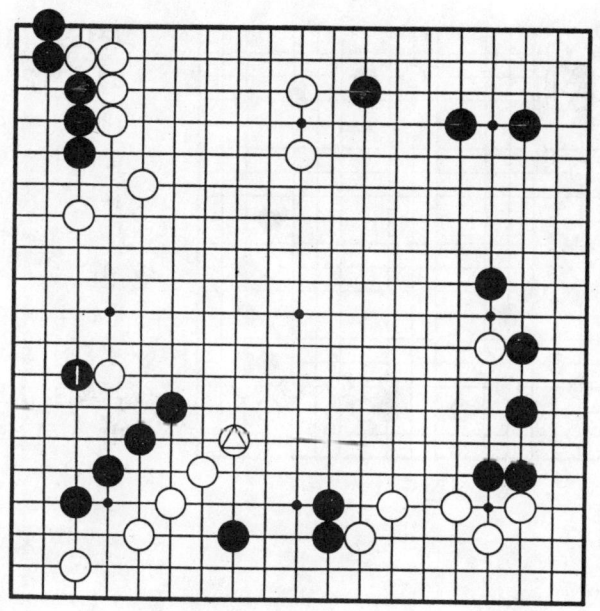

정 해 도

아래 붙임의 맥

흑 4 점을 염두에 둔 포인트는 흑 1 의 아래 붙임이다.

이 수에 대한 백의 응수는?

흑이 10분 좋은 모양이다. 백 △ 표가 문제이다.

백 4 점을 마음에 두는 수는?

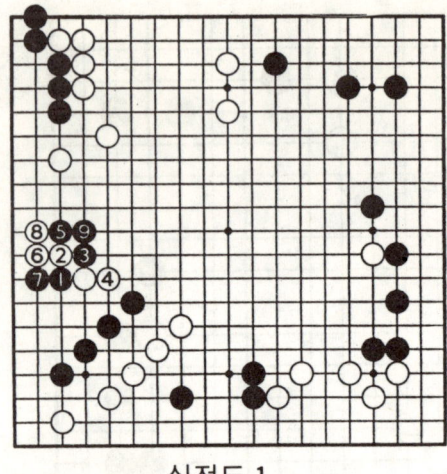

실전도 1

실전도 1 (1
~ 9) 백2의
젖힘에는 흑3
의 끊음이 엄한
수이다.   흑이
십분 좋은 싸움
이 된다.
  백4의 단순
한 뻗음이 의문
으로 흑5, 7로
흑의 페이스의
진행이다.

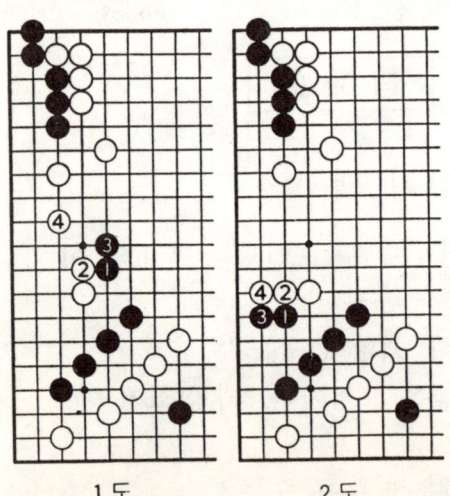

1 도   2 도

  1 도   (누름)
흑1로 씌우는
수는 좌변에 백
집이 생겨 흑이
나쁘다.
  2 도   (실패)
백은 흑1, 3으
로 삶을 예상할
수가 있다.

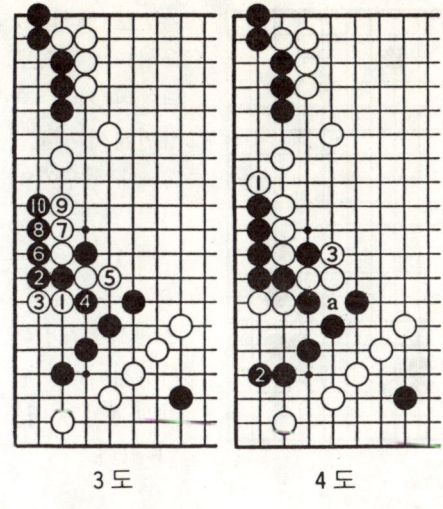

3 도   4 도

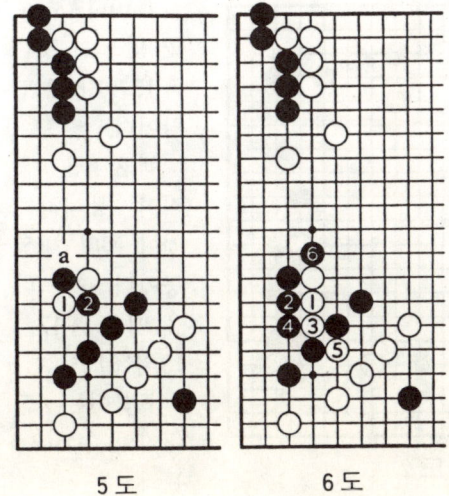

5 도   6 도

3 도 (내림)
단순한 백 1, 3
의 뻗음은 이하
10까지 된다.

4 도(끊는 맛
을 노림) 백 1,
흑 2 가 쟁처. 백
a의 끊는 맛의
노림이 남는다.

5 도 (무리)
백 1 의 젖힘은
논외다. 흑 2 로
끊은 연후에는
a 가 있게 되는
데—.

6 도(백이 나
쁘다.) 백 1 의
뻗음에서 3, 5
의 끊는 맥이 있
다. 허나 흑 6
의 젖힘으로 곤
란하다.

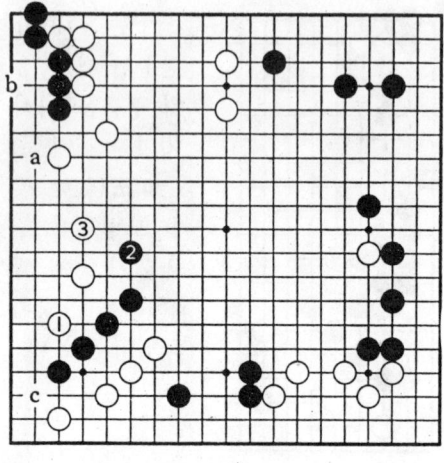

7 도

7 도(백의 이
상형) 처음으로
되돌아 가서 좌
상귀에서 백a,
흑b가 선수이익
이다.

백 1 로 두는
수는 흑 2, 백
3 에서 좌변이
이상적이다. 귀
의 백 4점은 백c
가 있다.

실전도 2 (10
~ 19)

백 10, 12로 눈
을 만드는 것은
흑 13까지 일단
락이다.

백 2 점을 움
직여 봉쇄하는
것이 흑의 대성
공이다. 이 다
음 백은 흑17,
19의 일순, 백
a의 붙이는 끝
내기의 수가 남
는다.

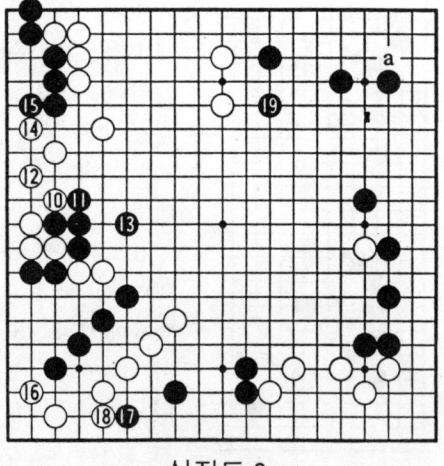

실전도 2

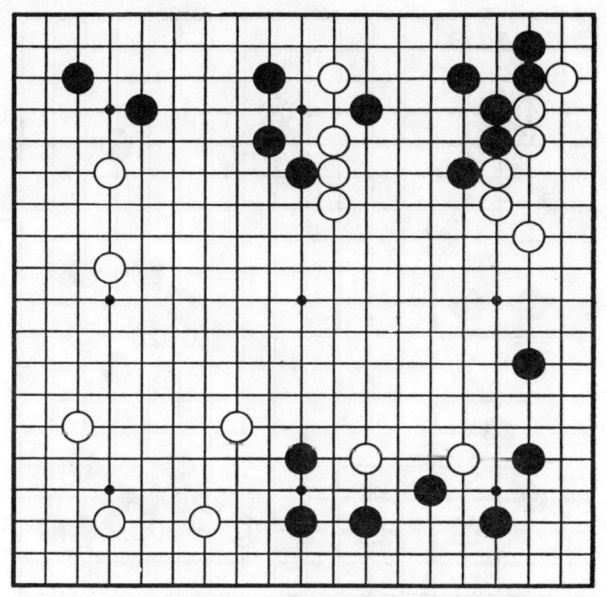

11. 백선 들여다봄의 대책

백 小林光一 十段
흑 久保勝昭 八段(碁聖戰)

우변, 뜀에 백을 흑이 들여다 보고 있는
모양이다.
그러나 다음 한 수가 우열을 결정한다.
어느 곳일까?

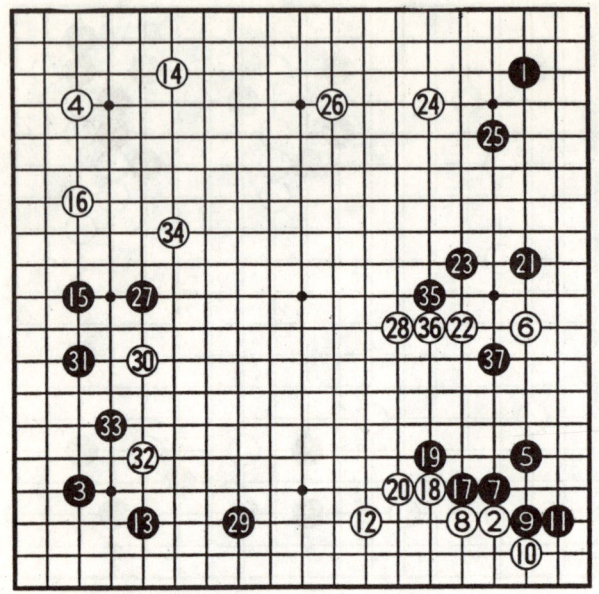

문제도까지의 수순
(1 —37)

알기쉬운 정석

우하귀 흑 7 의 마늘모 붙임에 백 8 로 끌어, 이하 백12까지 알기쉬운 정석이다.

백 8 로 9 는 흑 8 , 백17로 갈리어 싸움을 한다.

자, 흑35, 37로 좌우의 우측의 이익을 취하려고 한다.

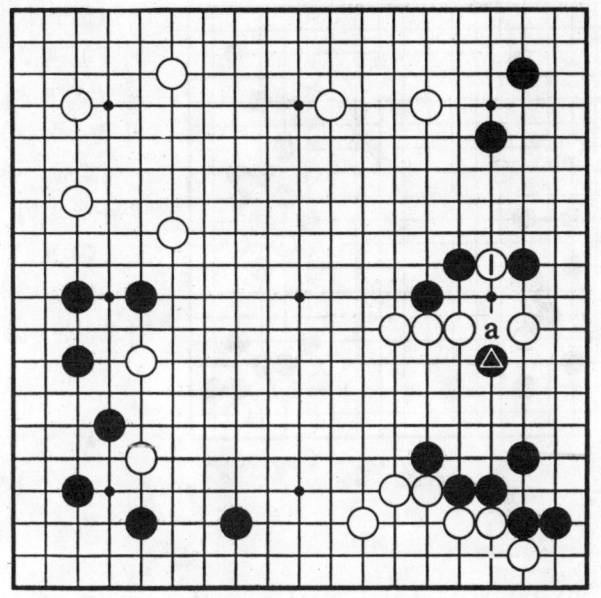

정 해 도

빛나는 끼움

백a의 이음은 기합이 부족하다.
우하귀의 흑이 두터워 불만이다.
백 1 의 끼움이 좋은 수임을 기억하라.
흑의 대응은 흑⚫ 를 염두에 둔다.

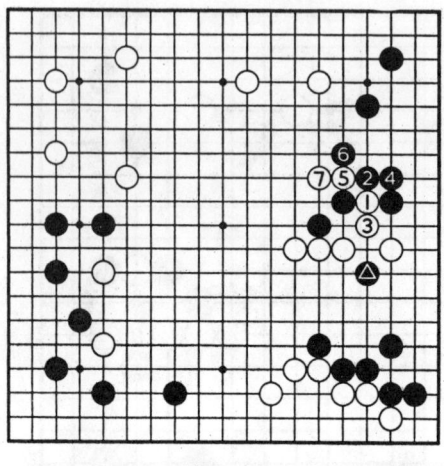

실전도 1

실전도 1 (1
～ 7) 흑 2, 4
로 받으면 백 5
의 끊음이 있다.
이로써 백이
우위에 선다.
흑△표 한점
이 고립이 되어
쓸모없는 패착
이 된다.

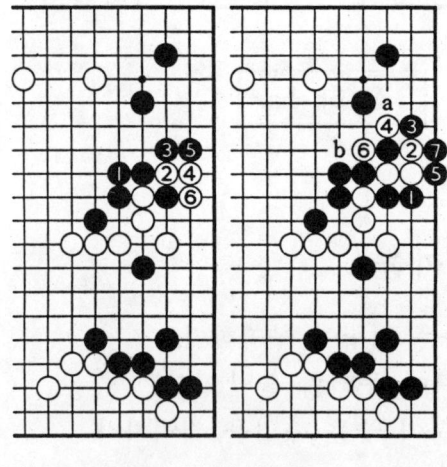

1도   ⑧이음 2도

1도(백이 좋
다) 흑 1의 이
음. 백 2의 끊
음에서 6 까지
맛좋은 삶이다.
2도 (도피)
흑 1의 내려섬
의 수가 있다.
그러면 백 2,
4, 6의 도망이
있다.
a와 b가 맛보
기.

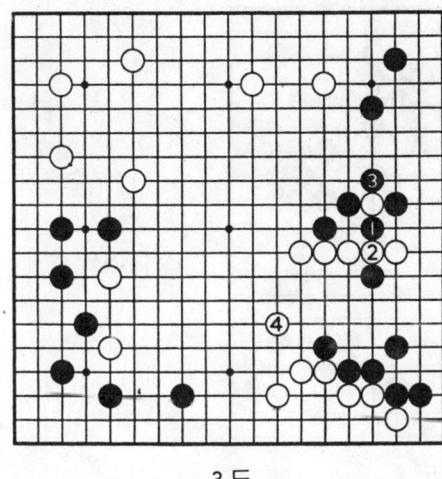

3 도

3 도(변화·선수) 흑1에 백 2의 이음.

다음 흑3을 생략할 수 없다. 다시 백4로 되돌아간다.

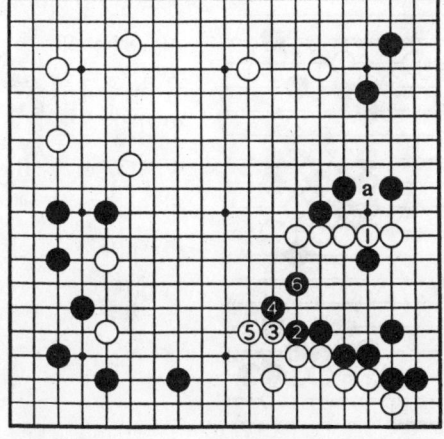

4 도

4 도(실패) 백1의 이음의 실패이다.

전술한 바 있듯이 무책이다.

흑2, 4, 6까지—.

76

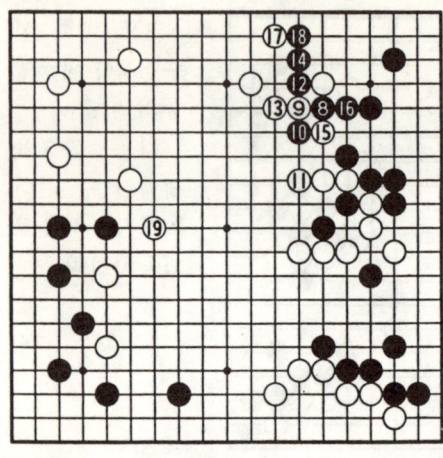

실전도 2

~ 19)

흑 8 은 흑11
의 노림이다. 백
9, 11이 수순이
다. 백17, 대
망의 19까지의
수. 백의 우위
가 확립된다.

이상 분기점
을 설명하였다.

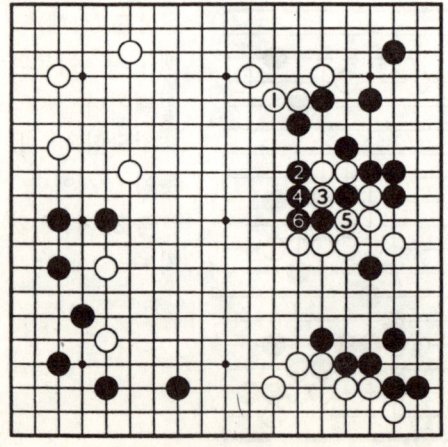

5 도

5 도(형세 역
전) 백 1 의 늘
음은 흑 2 의 붙
임이다.

백 3 에 흑 6
의 이음까지, 백
의 대마가 2 집
이 없다.

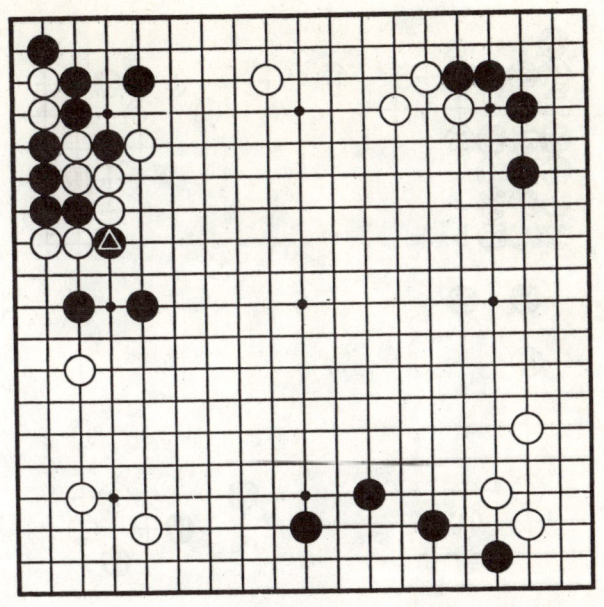

12. 백선 유혹

백 杉內雅男 九段

흑 全 島 忠 八段 (王座戰)

흑△ 표의 나가 끊음에는 백의 유혹스런 느낌이 있다.

이에 대한 대응책은?

어느 곳을 두어야 하나.

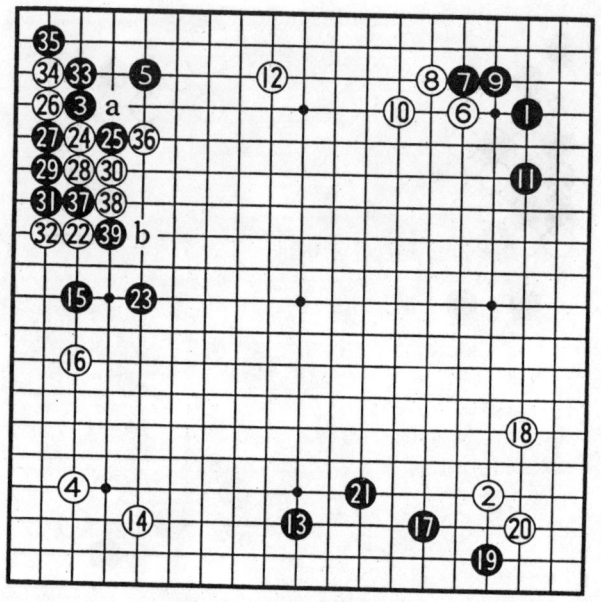

문제도까지의 수순
(1 ～ 39)

통렬한 1착

좌변 백22의 침입에 국세가 위험해졌다.

백24, 26에 대하여 흑a의 붙임은 백28, 흑34, 백b가 있다.

흑의 37, 39가 지나친 감이 있는데 다음에 백의 통렬한 일착은?

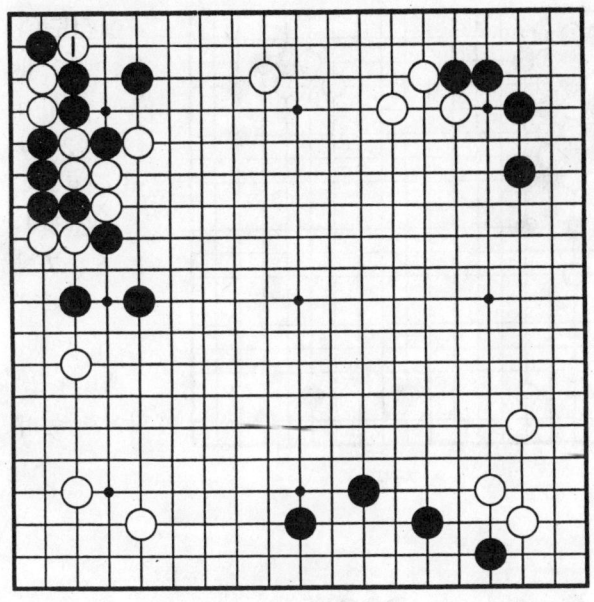

정 해 도

귀의 끊는 맥

이 모양에서는 좌우의 백을 직접 움직이는 것은 속수이다.

좋은 수는 백 1의 끊음이다.

통렬한 맥점은?

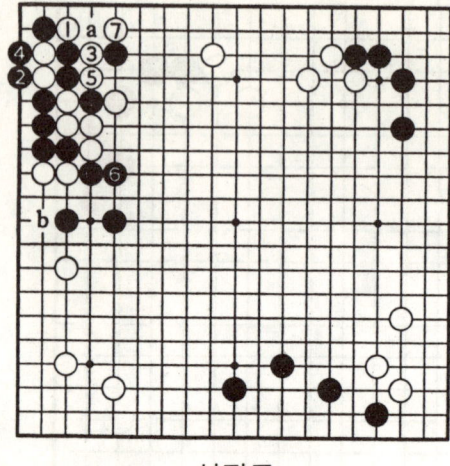

실전도

실전도(1 ~
7) 백 1의 끊
음에 대하여 흑
a인가 2인가, 흑
이 좋지 않다.

흑 2에서 백
3, 5, 7의 젖
힘까지 백이 좋
은 구상이다.

백 b의 붙이는
맛이 남는다.

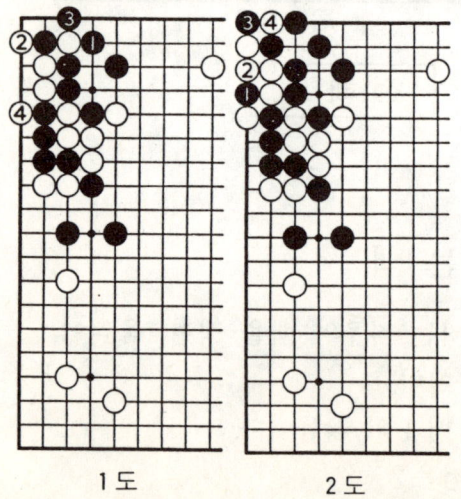

1도   2도

1도(양젖힘)
흑 1의 단수. 백
2, 4의 양젖힘.
귀의 특수성을
이용한 수이다.

2도(패) 결
국, 흑1, 3의
패로 응수할 수
밖에 없는 곳이
다.

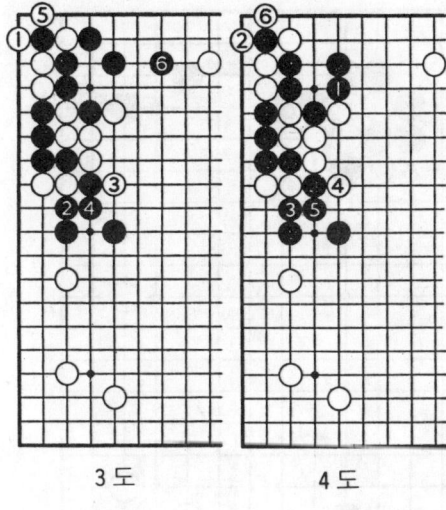

3 도   4 도

3 도 (변화)
백 1에 흑 2로
외곽을 조이는
것은 의미가 없
다.

이것은 백 6
까지 흑이 엷다.

4 도(흑이 엷
다) 흑 1의 쌍
립은 무리형이
다.

이섯은 백 2,
4, 6으로 흑이
엷은 모양이다.

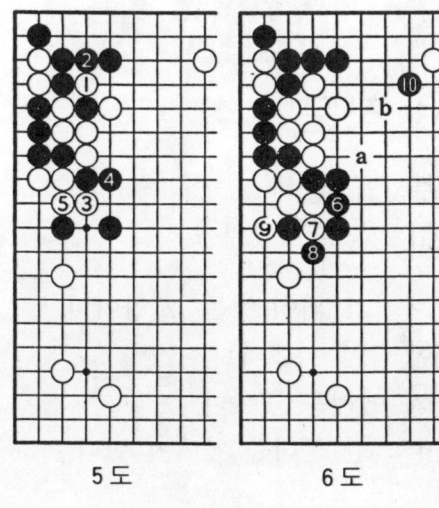

5 도   6 도

5 도 (실패)
백 1의 한점을
잡는 수.

공수의 수비
가 변하는 감이
있다.

6 도(맛보기)
흑 6, 10까지. 흑
6으로는 a 의
마늘모. 흑 9와
b가 맛보기이다.

이것도 일책
이다.

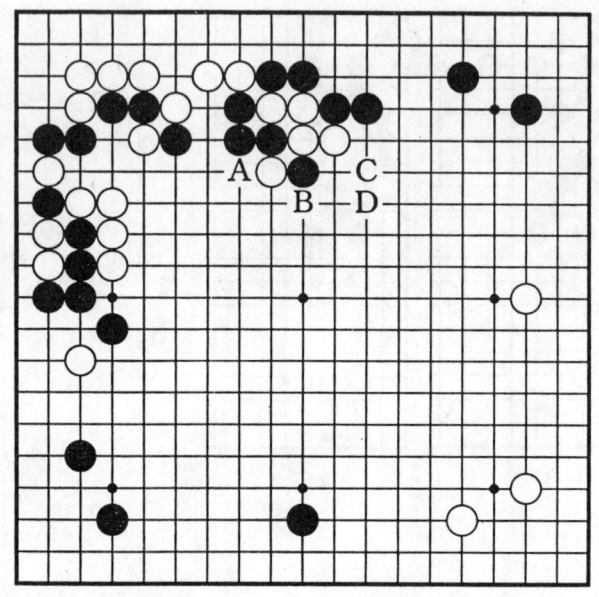

13. 흑선 장문

백 依田紀基 五段
흑 汪　見虹 六段

상변에 서로 대치가 되어 있는 모양이다.
보는 바와 같이 축이 나쁘다.
다음의 한 수가 어려운 곳이다.
네군데에서 어느 한 군데를 찾아야 한다.

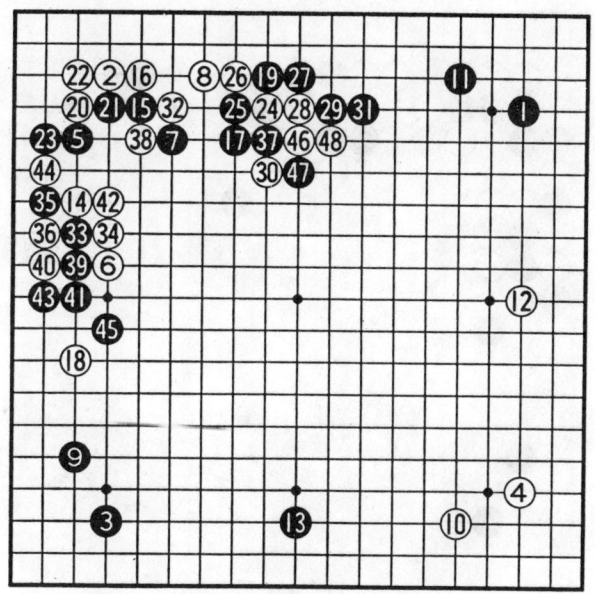

문제도까지의 수순

(1 —48)

묘수가 욕심

상변 흑**17**의 한칸 뻗는 수. 백**18**이 절호
점인가?

백**48**까지 나가 흑이 고전이다.

승부처이다.

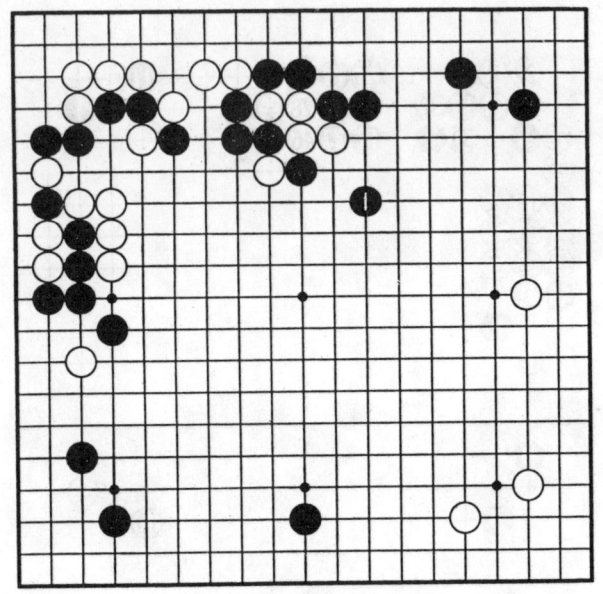

정 해 도

묘수, 날일자

백 4점을 잡는 방법으로 좌측 흑이 어려운 모양이다.

흑 1의 날일자가 묘수이다.

호각의 형세이다.

좌측과 관련이 있는 좋은 곳이다.

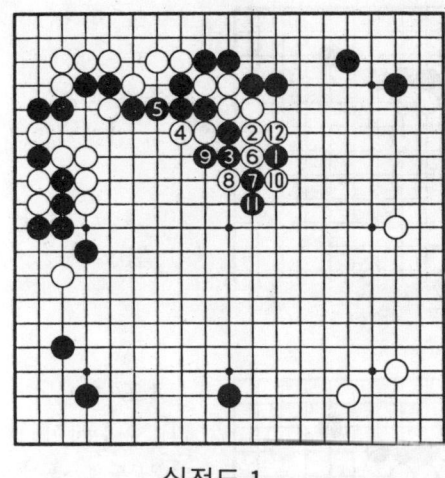

실전도 1

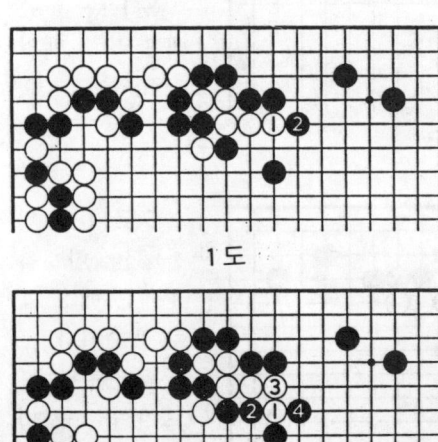

1 도

2 도

실전도 1 (1 ~ 12) 열세만 회의 묘수는 흑 1 의 날일자이 다.

자연스런 고 등전술이다.

1 도 (늘음) 백 1 의 늘음은 흑 2 의 젖힘이 있다. 이건 너 무나 단순하다.

2 도 (축) 백 1 의 마늘모 붙 임도 흑 2, 4 로 축이다.

실전에서 자 주 나타나는 모 양이다.

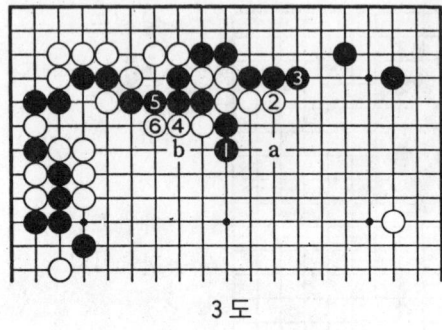

3 도

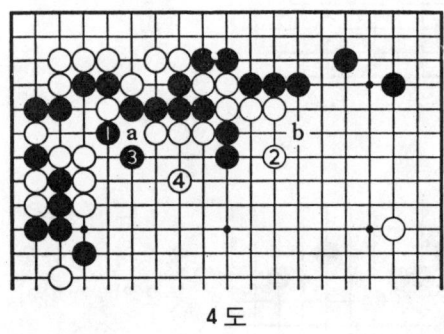

4 도

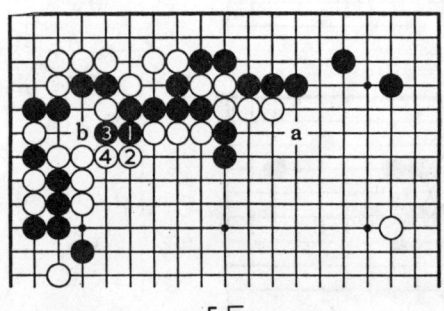

5 도

3 도(뻗음은 실패) 흑1의 뻗음은 백2, 4, 6의 반격이 있다.

백4로 a 라면 흑b이다.

4 도(백이 좋다) 흑1에서 백2, 4로 흑이 고전이다.

흑1로 a 는 백3으로 백의 승리.

5 도(한수 빠름) 전술한 흑1에는 백2, 4로 백승이다.

흑a 에는 백b 로 한수 빠르다.

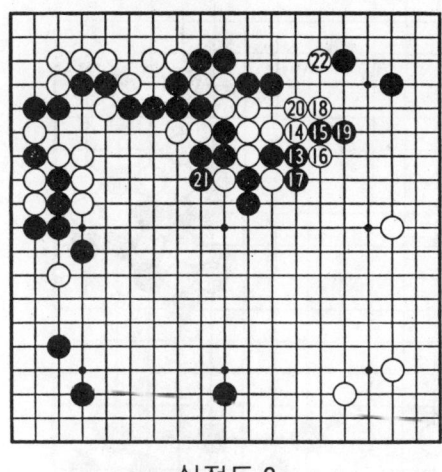

실전도 2

실전도 2 (13 ~22) 백20의 이음은 외길이다.

수수 이상을 추구함은 무리이다.

흑21로 되돌아 갈 때 백22는 당연하다.

호각의 형세이다.

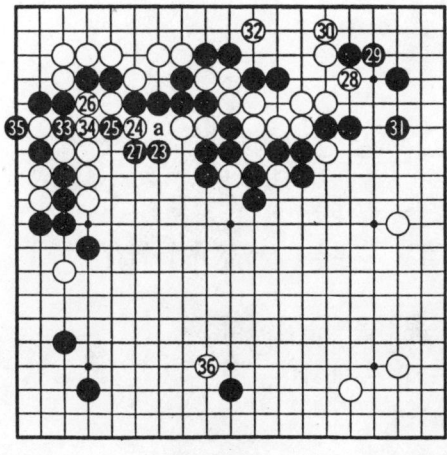

실전도 3

실전도 3 (23 ~ 36) 흑23은 일견 당연한 맥점, 중앙의 흑은 안태(安泰)하다.

26도 안일하다. a의 이음에서 흑이 나쁘다.

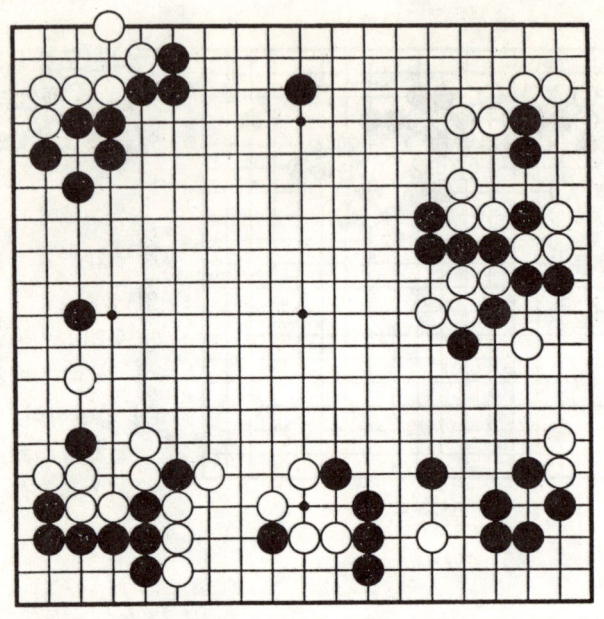

14. 흑선 항쟁

백 武用賢子 初段
흑 石榑赫子 二段(女流本因坊戰)

우변의 항쟁 촛점은 당연하다.
다음의 한 수가 문제이다.
긴박한 장면이다.

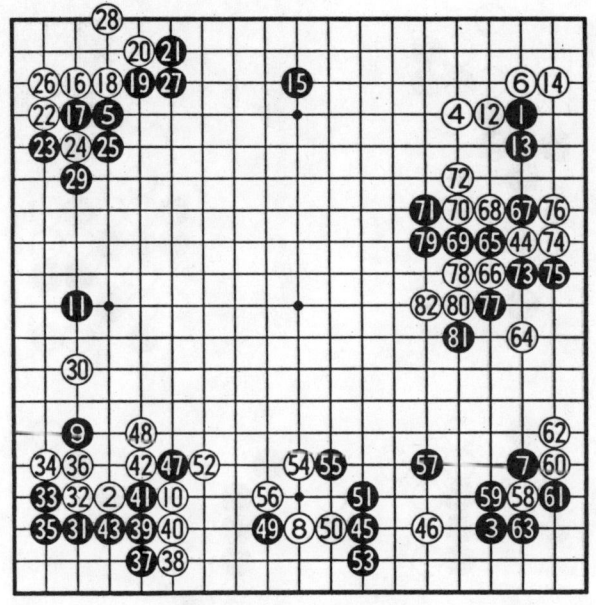

문제도까지의 수순

(1 ∼82)

삭감과 공격

좌변에 백64까지의 구축.

흑65까지의 삭감모양이다.

백66, 흑67은 모양이다. 백68이하를 비
교하여 보면 흑77, 79, 81까지 호조.

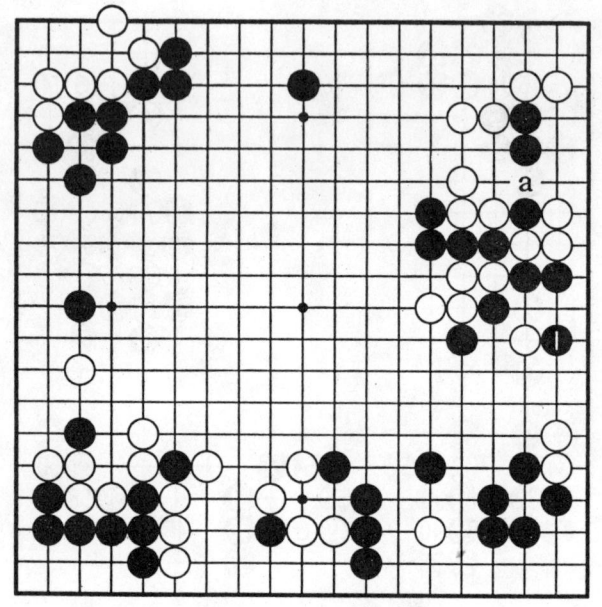

정 해 도

붙이는 수

어려운 문제이다.
흑 1 의 아래붙임. 이 한 수 뿐이다.
흑a에 두는 것은 수수는 3수 뿐이다.

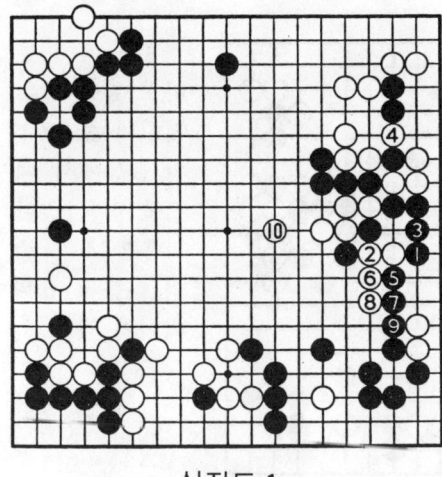

실전도 1

실전도 1 (1
~ 10) 흑1의
아래 붙임의 한
수가 호수이다.
　백4는 생략
할 수 없는 점
이다.
　흑1의 결행
하는 수가 남는
다.

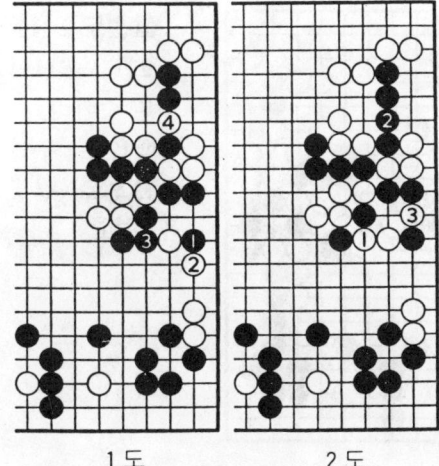

1도　　　　　2도

　1도(백이 나
쁘다)　백2의
젖힘에는 흑3
의 이음이 좋다.
　백이 나쁜 모
양이다.
　2도(주의)
백1의 끊음에
대하여 흑2의
이음은 급하다.
　백3으로 역
전이다.

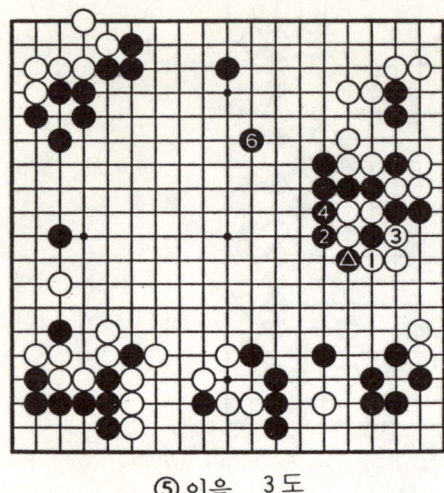

⑤이음　3도

3도(흑이 좋
다.) 흑▲표의
젖힘에는 백1
의 끊음에서 백
집을 나타낸다.
　흑2, 4의 조
임 다음에 6의
비마가 있다.

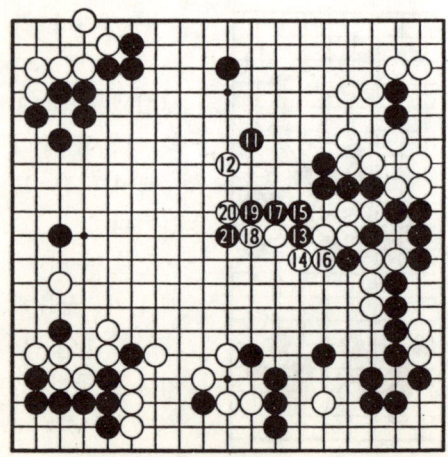

실전도 2

실전도 2 (11
~ 21) 흑11이
좋은 수이다.
　백12로 두면
흑13으로 결행
을 한다.

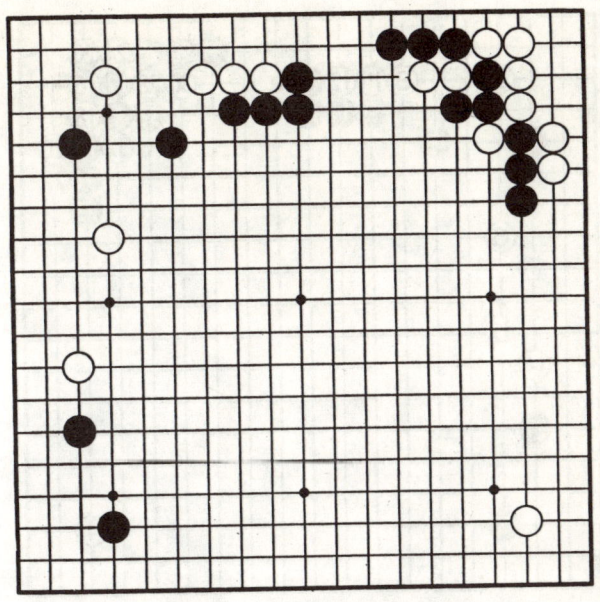

15. 백선 교묘함

백 依用紀基 五段
흑 橋本昌二 九段(名人戰)

등택수행 9단은 '강하고 교묘'한 수를 많
이 둔다.

지금 이 국면은 의전 5단의 결심을 결행
하는 한 수이다.

명인전 씨리즈이다.

94

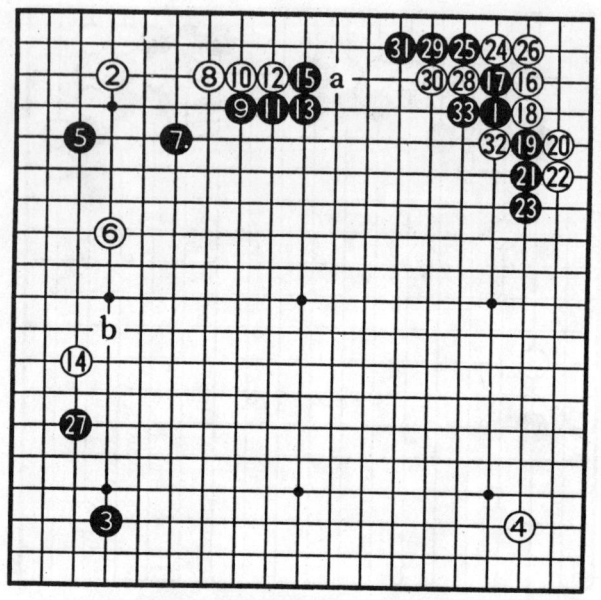

문제도까지의 수순

(1 ~ 33)

돌의 흐름

백14가 한판의 바둑의 분기점이다.

상변 백a의 호점. 흑b의 누름.

흑15에 백16의 3·3침입으로 상용의 돌
을 움직인다.

28에서 33까지 —.

다음의 한 수가 문제이다.

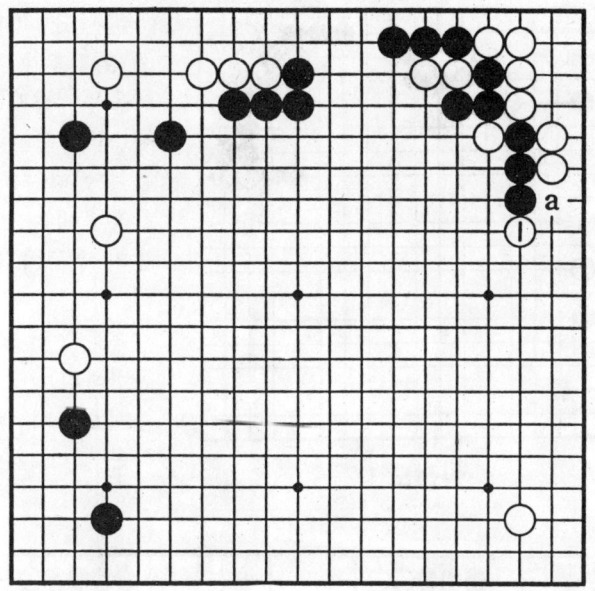

정 해 도

코붙임

다음의 부담이 되는 곳.
묘수는 백 1 의 코붙임이다.
흑a와의 차이는 막대하다.
흑의 저항은 ?

96

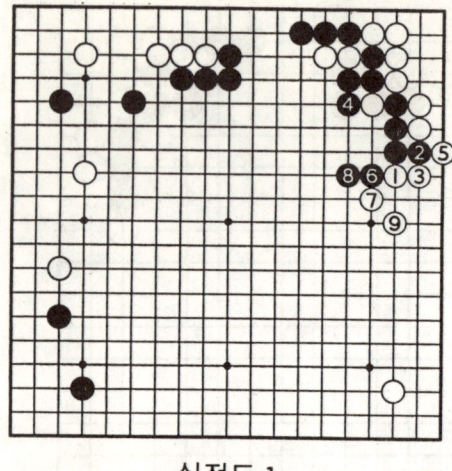

실전도 1

실전도 1 (1
~ 9) 흑의 두
터움을 생각하
여 직접 움직이
는 수이다.

흑 2 에는 백
3 의 추구가 있
다.

흑은 응수가
곤란하다.

백 9 까지 바
둑은 넓다.

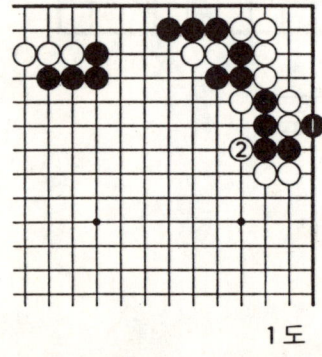

1 도

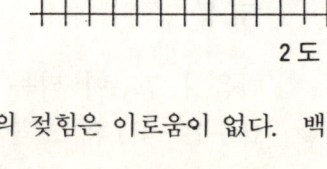

2 도

1도(젖힘은 없다.) 흑 1 의 젖힘은 이로움이 없다. 백
2 의 젖힘으로 곤란하다.

2 도(흑이 나쁘다) 흑 3 으로 2점을 잡으면 백 4 에서
8 까지로 그만이다.

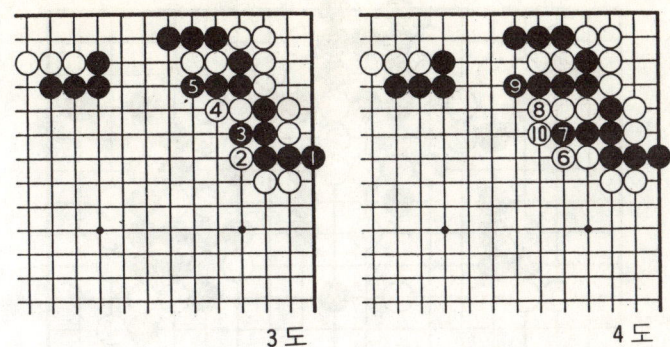

3 도   4 도

3 도(내려섬) 흑 1 의 내려섬이 있다.

백 2 의 젖힘이 성립한다.

4 도(흑을 잡음) 백 6 이 좋은 수이다. 이후 백 8, 10까지 된다.

이상에서 보는 것처럼 코붙임이 엄한 수이다.

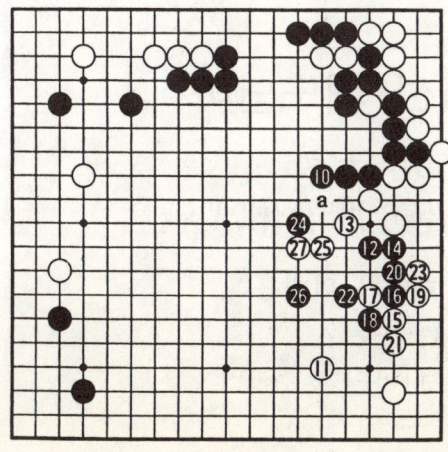

실전도 2

실전도 2 (10 ~ 27) 백 10의 지킴을 태만히 하면 백 a 의 씌움이 있다.

이 바둑은 220 수까지 두어졌는데 백의 압승으로 끝났다.

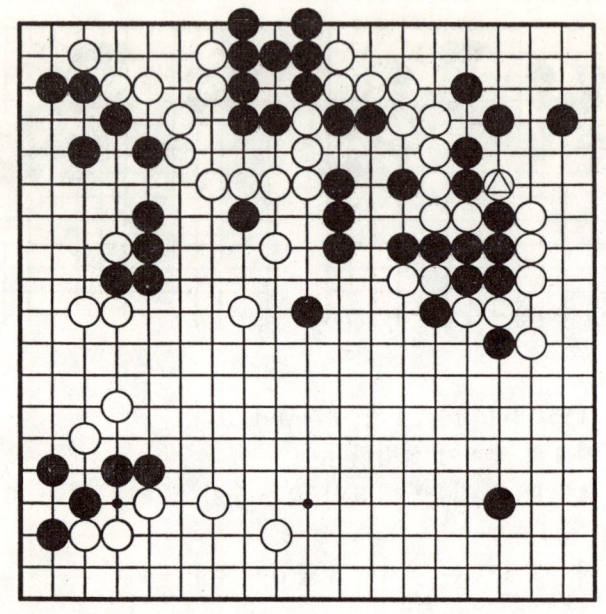

16. 백선 쾌도난마

백 春山 勇 九段
흑 戸沢昭宣 九段 (棋聖戰)

상변 백의 대마가 위태롭다.
백△을 돕는 수는?
해결은 쾌도난마의 호수이다.

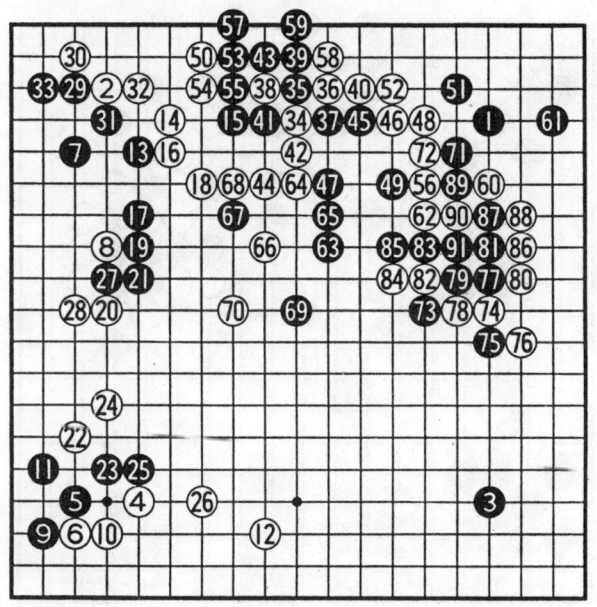

문제도까지의 수순

(1 ~ 91)

강인한 절단

상변 흑**35**, **37**의 이음에서 중반전에 돌입
하였다.

흑**59**까지 2집으로 살 여지가 있다.

흑**75**, **77**의 양붙임의 강인한 절단법 —.

무리한 기미다.

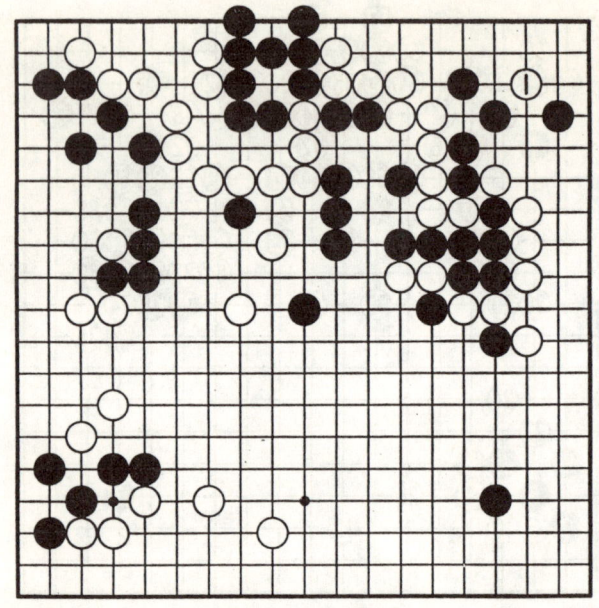

정 해 도

치중이 급소

상변의 백 대마는 생명이 위태롭다.

삶과 노림을 동시에 만족하는 급소는 백 1 의 치중이다.

흑의 강인한 절단이다.

상변 붙여끊음이 의문이다.

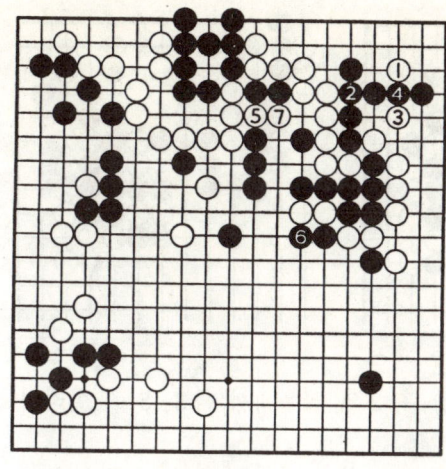

실전도 1

실전도 1 (1
～ 7) 백1의
치중에 대하여
흑2의 이음.백
3, 5로 돌을 구
하는 수가 있다.
백1의 효과
로 백3이 선수
이다.
흑4의 수로,

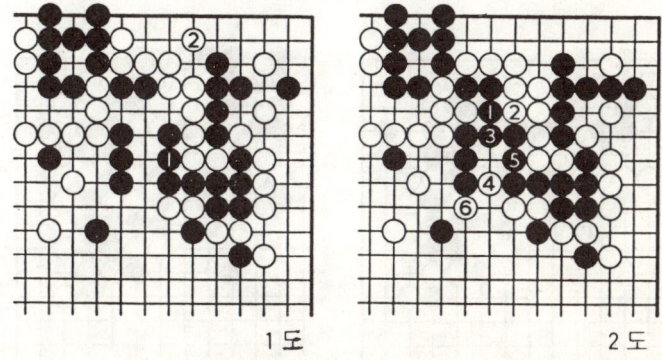

1도   2도

1도(실패) 흑1의 이음은 백2의 마늘모가 있다. 실
패이다.

2도(2점을 끌어냄) 흑1로 2점을 끌어내는 것은 이
하 6까지 백승이다.

실전 진행이다.

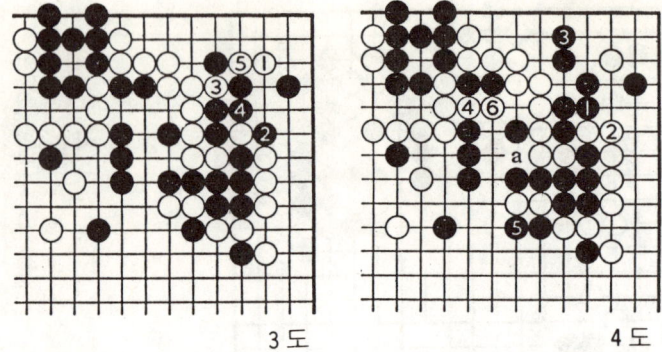

3 도   4 도

3 도(실리가 좋다) 흑 2 의 끊음에서 백 3, 5 로 실리가
크다.

4 도(귀에 맛이 남는다) 흑 1 의 단수. 그 다음에 흑 3
의 내려섬이 있다. 그러면 4, 6 으로 연락을 한다.

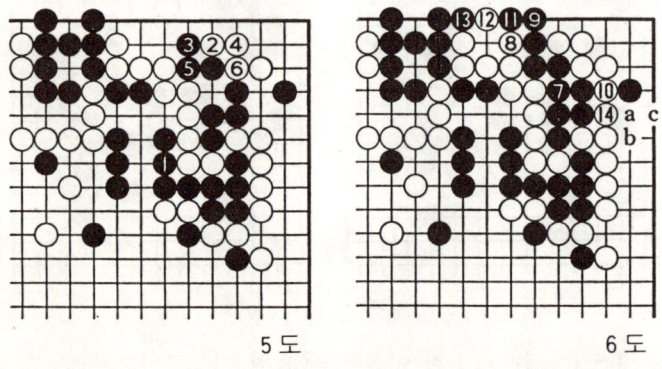

5 도   6 도

5 도(아래붙임의 급소) 흑 1 의 강력한 공격 수단은
백 2 의 붙임이 급소이다.   이하 백 6 까지 된다.

6 도(백이 좋은 패) 흑 7 의 이음에서 백 14 까지 외길
이다.   흑 11 로 14 는 백 a, 흑 b, 백 c 이다.

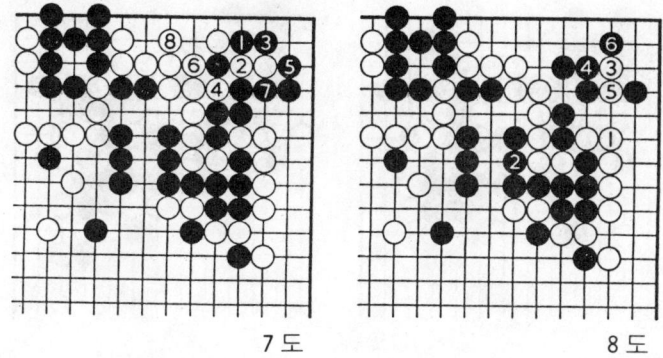

7 도   8 도

7 도(변화) 백의 아래붙임에 대하여 흑 1 의 젖힘은 백 2 의 끊음에서 4, 6 까지—.   수순이 나쁘다.

8 도(실패) 백 1 의 이음은 실패이다.

흑 2 의 이음에 백 3 으로 치중을 해도 흑 4, 6 까지   산다.

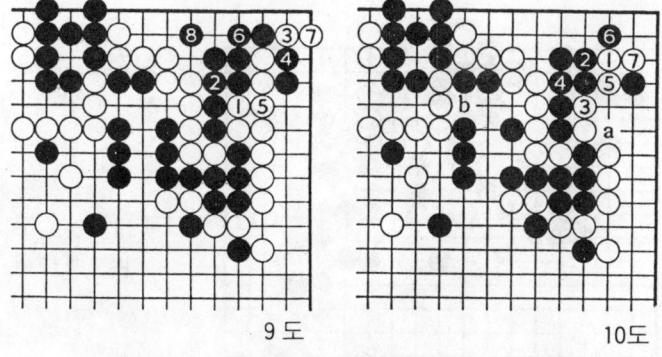

9 도   10도

9 도(흑의 공격) 백 1, 3 에서 7 까지—.

그러면 8 까지 사는 모양이다.

10도(맛이 나쁘다) 다시 앞으로 돌아가서 백 1 의 치중부터—.   백 3, 5 로 a 의 단점이 있다.

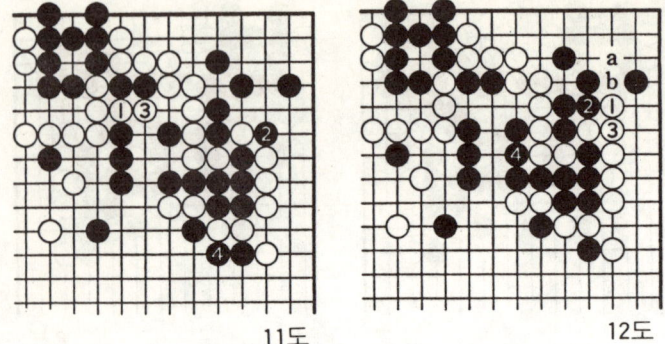

11도　　　　　　　　　　　　12도

11도(무책)　단순한 백1의 단수는 흑2, 4로 응수를
한다.

흑의 페이스의 진행이다.

12도(나쁘다)　백1의 호구는 흑2가 있어서 나쁘다.

백a로 두는 수순이 나쁘다.

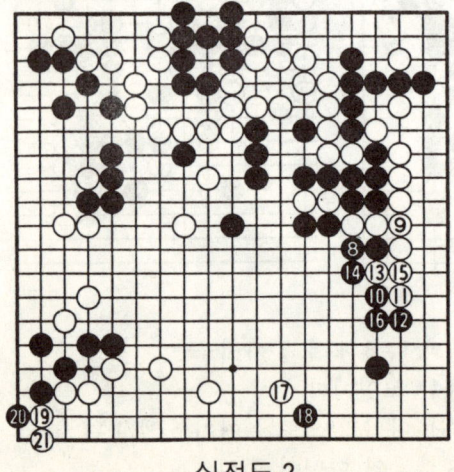

실전도 2

실전도 2(8
~21) 백의 순
조로운 진행이
다.

백11, 13의 선
수 다음 백17까
지 호조다.

흑18에는 19,
21까지의 수가
있다.

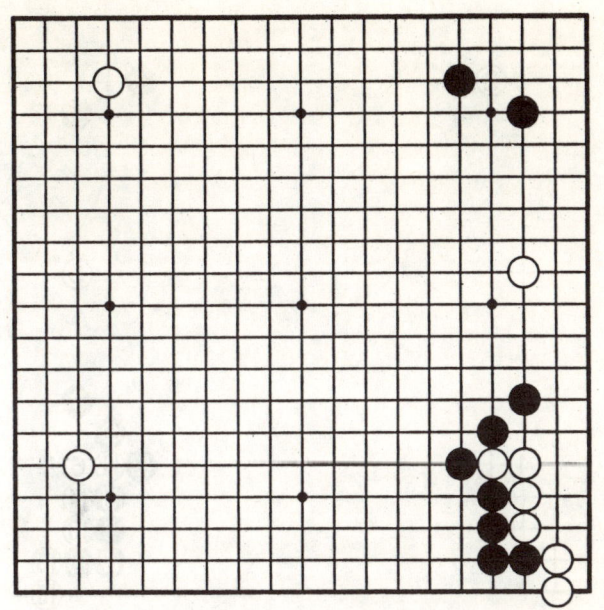

17. 흑선 이것이 맥점이다

백 大竹英雄 鶴聖
흑 小林光一 十段(鶴聖戰)

부분적인 수이다.

소림광일 9단이 그림같은 맥점을 어찌 그냥 두겠는가?

좌하귀에 주의.

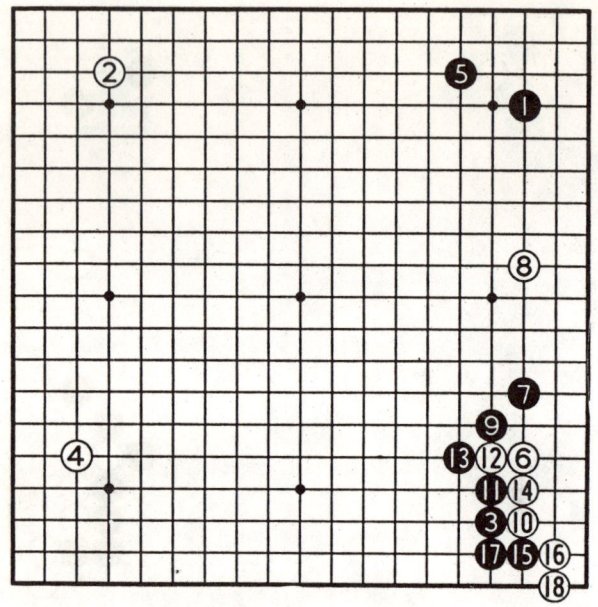

문제도까지의 수순

(1 — 18)

백의 손뺌

혹 7 의 한칸 높은 협공은 통상의 진행이다.

이것은 백 8 까지 두어 진기한 모양이다.

혹 9 의 마늘모에서 백18까지 진행이다.

이 백 8 은 최근에 나타나는 취향의 수.

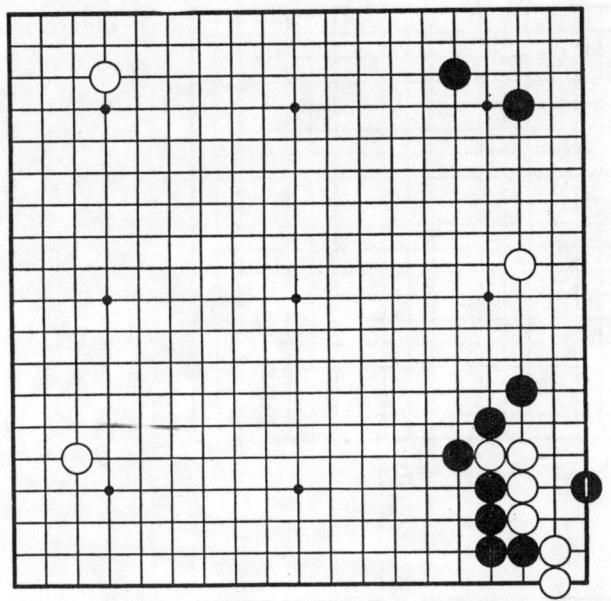

정 해 도

그림같은 수

고바야시 10단이 둔 수는 흑 1의 치중이
었다.

3점이 있는 곳의 가운데로 급소이다.

실전에서 이와 같은 수는 자주 등장을 한
다.

맥점의 변화는?

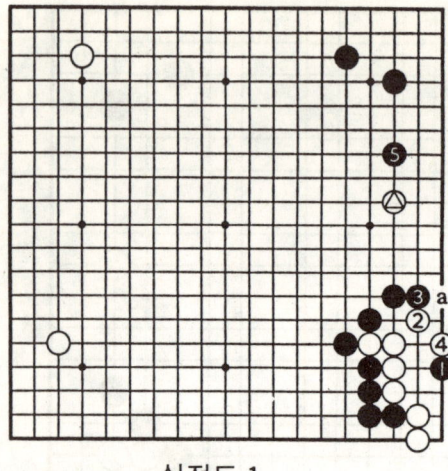

실전도 1

실전도 1 (1
～5) 흑 1 의
치중에 대하여
흑 3 까지—.

백은 2, 4 로
응접을 한다. 흑
a 의 내려섬이
선수로 남는다.

흑 1 로 움직
여서 백⊘를 직
접 움직여 나가
는 것은 무겁다.

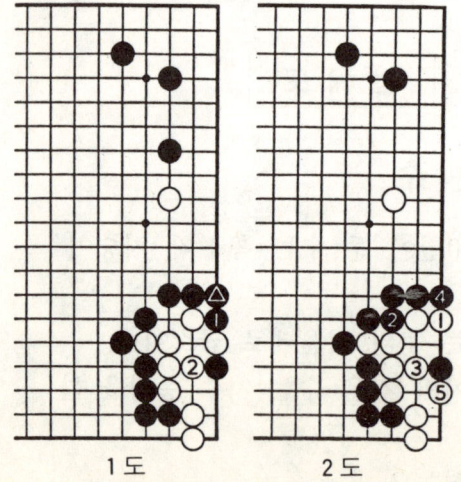

1 도   2 도

1 도 (손빼면
패) 흑⊕의 내
려섬이 있다면
흑 1 에 백 2 로
패이다.

2 도 (악수)
백 1 의 내려
섬은 악수이다.
흑 2, 4 에는
백 5 까지—.
실전의 반음이
최선이다.

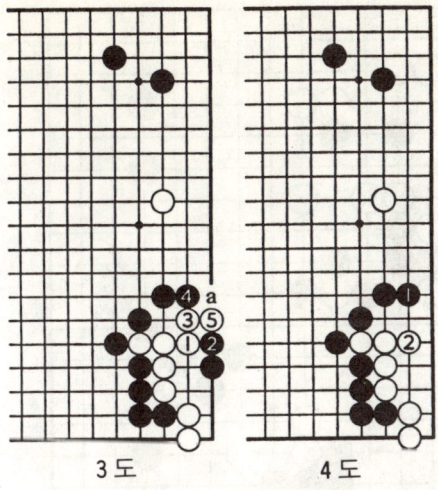

3 도   4 도

3 도(의문)

백 1도, 흑 4, a로 누르면 실전의 패가 정착이다.

4 도 (실패)

흑 1의 내림 이 이로운 수인가?

그림의 내림에는 제 1 선의 치중의 끊음이 있다.

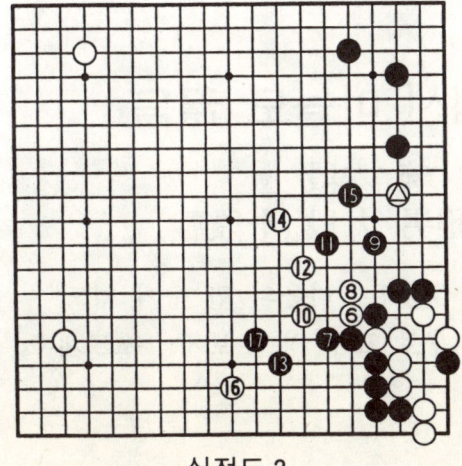

실전도 2

실전도 2 (6 ~ 17) 백이 6의 끊음에서 전단을 구하는 것은 당연하다.

이하 17까지 ⓐ가 고립이 되어 있는 양상이다.

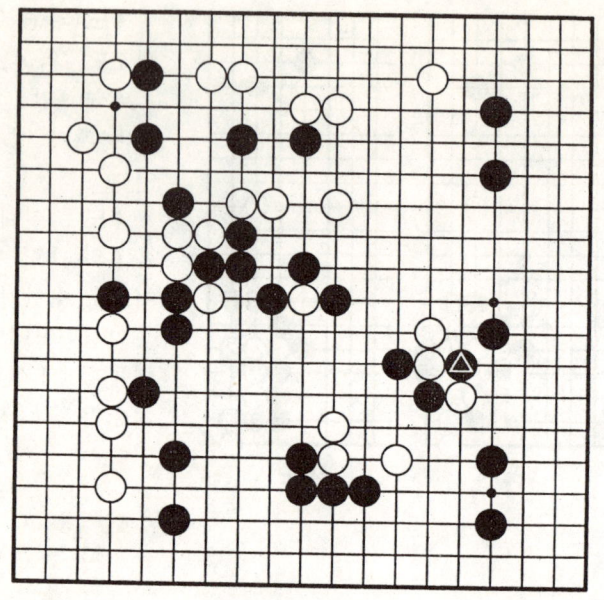

18. 백선 마늘모 끊음

백 王 銘琬 六段
흑 杉內雅男 九段 (十段戰)

흑▲ 표의 끊음! 다음의 한 수가 기도
(棋道)에 한 수로 묘수 상 후보에 오르게
한 묘착이다.

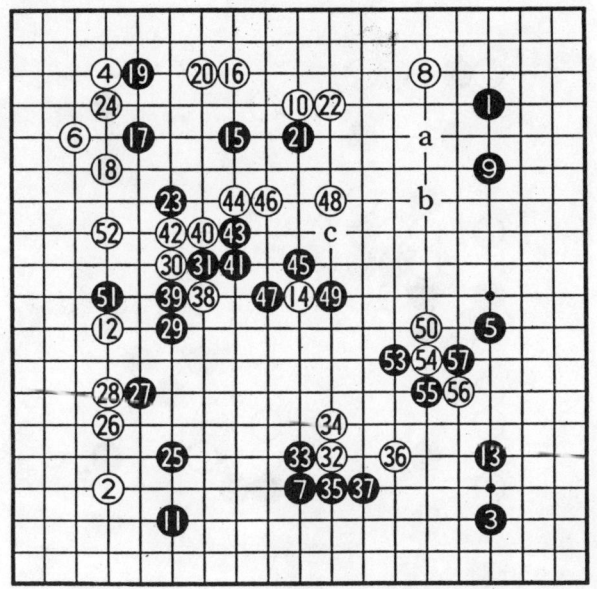

문제도까지의 수순
(1 —57)

격심한 절단

혹13까지의 모양에 비하여 백14의 천원
이 전기다.

백14는 엷다. 백a, 혹b, 백c가 모양의
감각이라는 오 청원 9단의 지적이다.

자, **53**에서 **55, 57**의 격심한 절단이다.

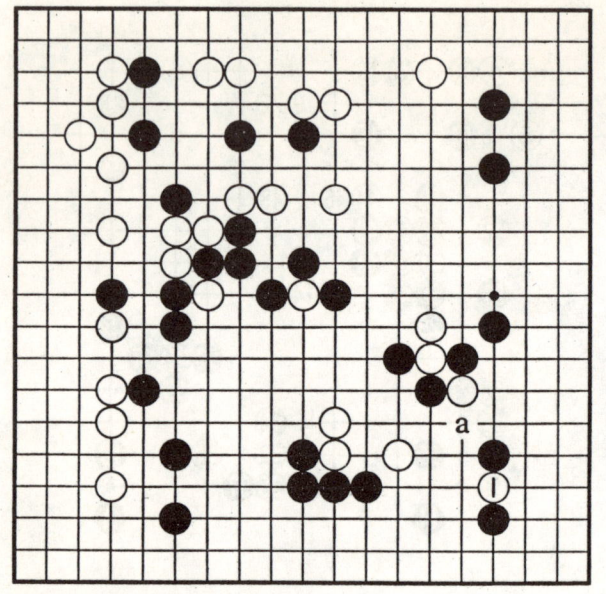

정 해 도

빛나는 끼움

선배격의 왕립성(王立誠) 7단이 왕명완 6단의 방치를 백1로 끼우는 수.

이 수도 묘수상 후보에 오를 수 있는 것으로 예리한 수이다.

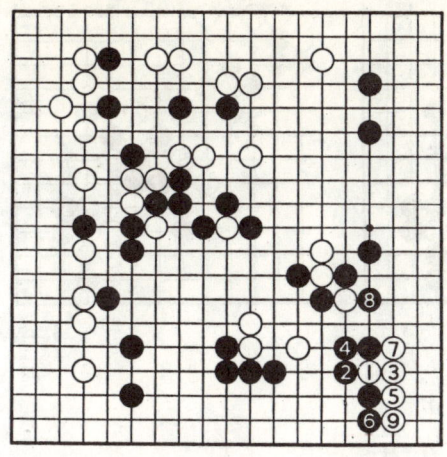

실전도 1 (1
~ 9) 백 1 의
끼움에 대하여
흑 2 에 백 3, 다
음에 백 9 까지
이다.
 백의 성공의
국면이다.

실전도 1

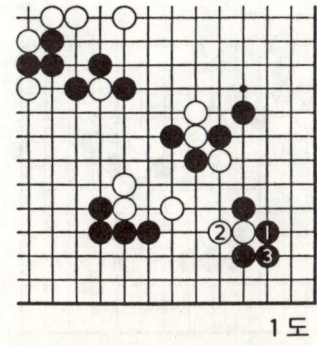

1 도

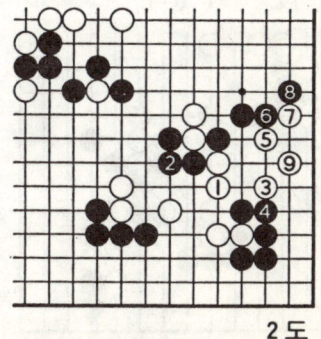

2 도

 1 도 (변화) 흑 1 의 아래쪽 젖힘에서 3 의 이음까지다.
백 2 로 뻗어서 중앙에 호흡을 같이 한다.
 2 도 (간단한 삶) 백 1 이 선수. 3 에서 9 까지 간단히
사는 모양이다.
 다음에 건너는 수로 움직인다.

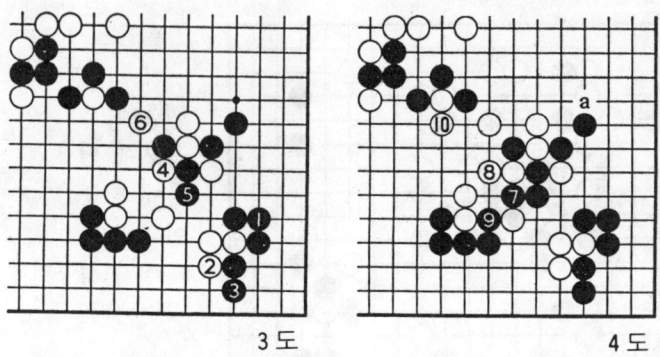

3 도   4 도

3 도(맥) 백 1 의 이음에 2 로 내리면 3 을 교환한 다음 백 4, 6 이 맥이다.

4 도(성공) 흑은 7, 9 로 귀쪽을 둔다.

백은 10의 뻗음이 매우 조화있는 모양이다. 백a의 붙이는 맛이 있다.

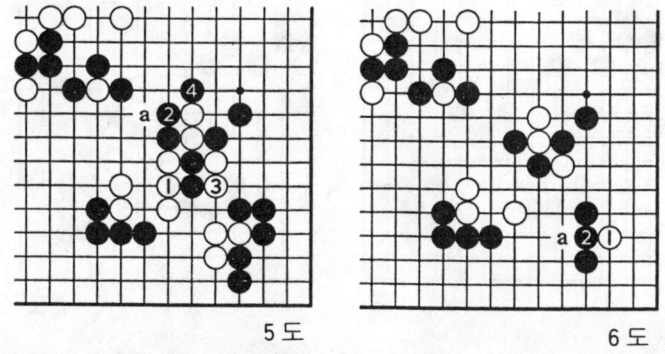

5 도   6 도

5 도(끝내기) 백 1 의 이음은 3 의 맞보기.

이곳은 끝내기의 승부수이다.

6 도(침입부족) 백 1 의 들여다 봄은 2 의 막대기 이음이 있다. a 의 맛이 소멸된다. 그래서 의문이다.

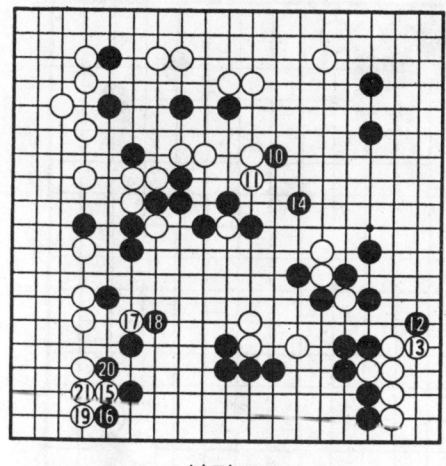

실전도 2

실전도 2 (10 ~ 21) 실전의 진행이다.

수순에 따른 모양의 경합을 살펴보기 바란다.

백21까지 좌하귀의 백집이 빛난다.

실전도 3 (22 ~ 47) 흑22, 백23의 교환에서 24의 내려섬까지 필사적인 끝내기다.

우상 백25에서 47까지 파고든다.

이 바둑은 140수로 백의 압승이다.

승인의 맥은 건너감의 맥이다.

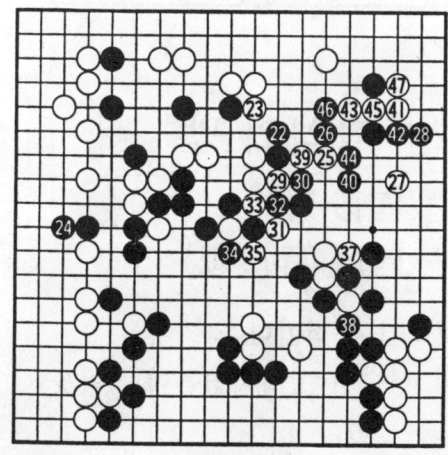

㊱ 이음   실전도 3

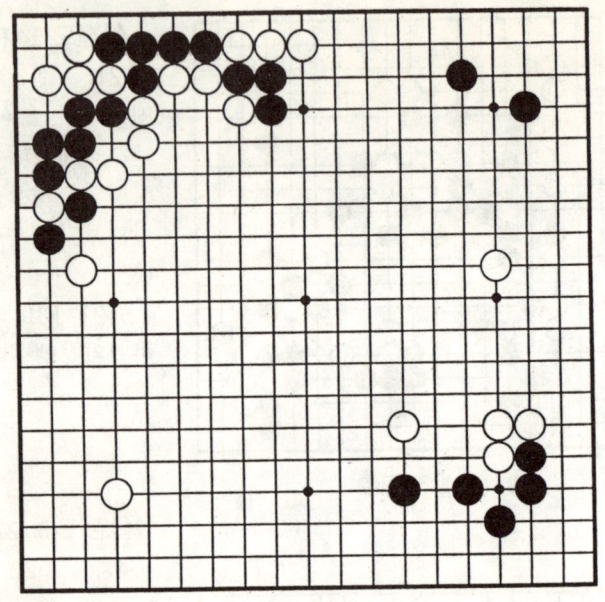

19. 흑선 붙임의 맥

백 日高敏之 四段

흑 小川誠子 四段 (昇段戰)

좌상귀의 절충이 촛점이다.

3칸 협공의 신수가 등장하였는데   이곳
에 코붙임의 맥이 있다.

급소를 찾아보자.

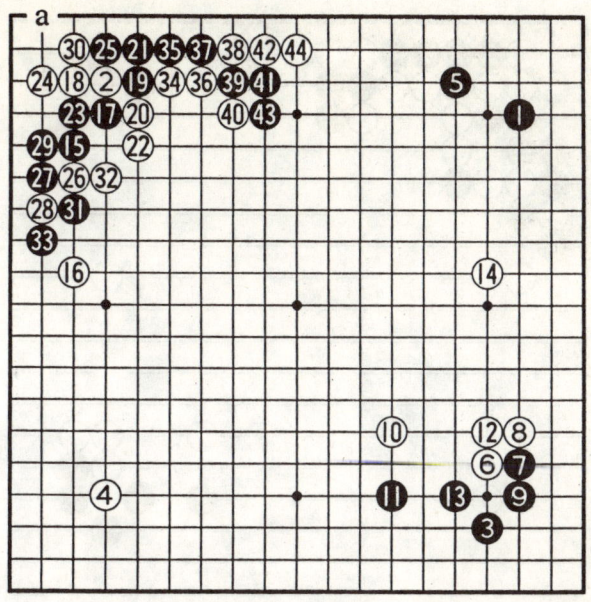

문제도까지의 수순

(1 ∼44)

진기한 내려섬

흑**17**의 마늘모 붙임에 백**18**의 내려섬 이
하 **29**까지의 정석모양이다. 여기에서 백**30**
의 내려섬이 진귀한 모양이다. 흑a의 노림이
나 **34**의 젖힘이 이익으로 남는 곳. 그래서
흑**31, 33**이다. 다음 **44**까지의 진행이다.

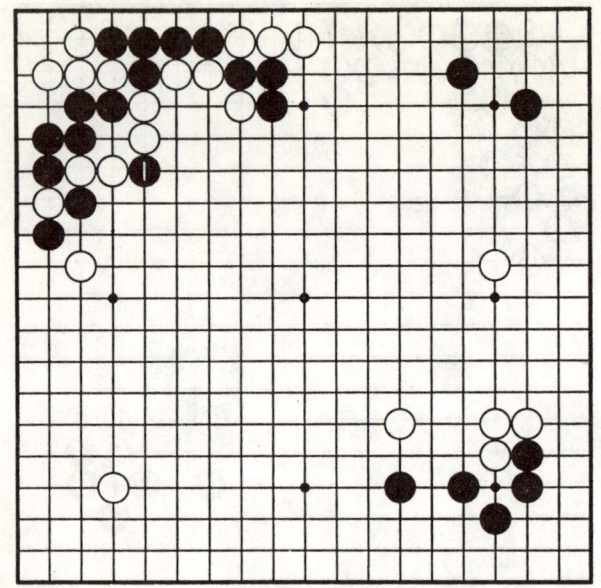

정 해 도

코붙임의 수

혹 5 점이 잡혀있는 모양이다.

한 눈에 볼 수 있는 끝내기는 어느 곳일까?

이곳의 포인트는 혹 1 의 붙임이다.

이곳이 붙임의 급소이다.

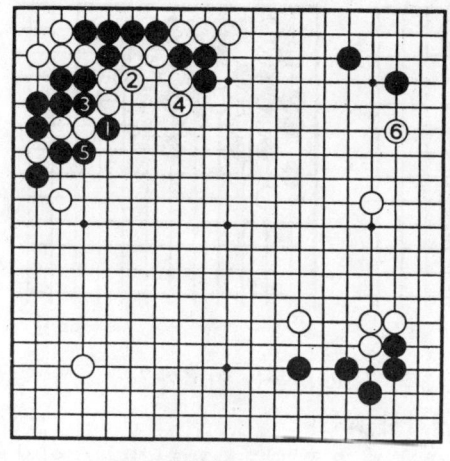

실전도 1 (1
~ 6) 흑 1의
붙임에서 시작
하는 것이 백의
공배를 노리는
급소다. 백의
반격은 불가능
하다. 백 2의
이음에 흑 3, 5
로 2점을 잡는
다.

두터운 맛이
있는 곳이다.

실전도 1

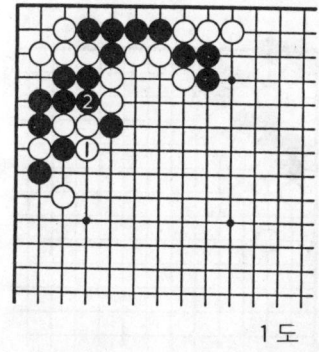

1 도

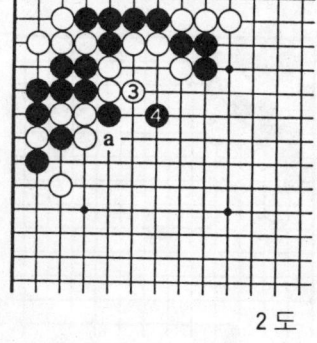

2 도

1 도(무리) 백 1로 나가는 것은 무리이다.

흑 2의 끊음이 있기 때문이다.

백의 응수를 살펴보기로 하자.

2 도(한칸) 백 3으로 응수하면 흑 4가 a의 단점을 노리는 좋은 수이다. 흑이 좋은 결과를 기대할 수 있다.

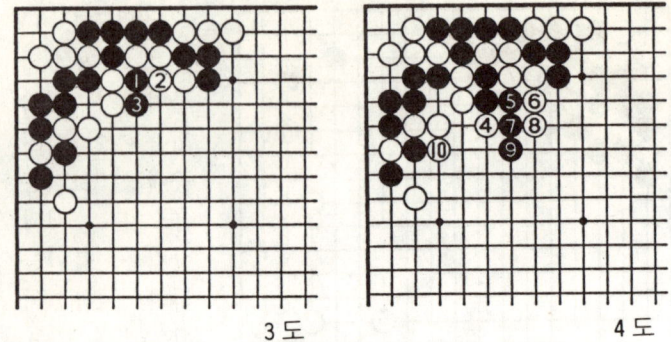

3 도   4 도

3 도(실패) 흑 1, 3 의 끊고 뻗음은 어떨까?

이 수는 맥이 발생하지 않는다.

4 도(무리) 백 4 에서 6, 8 로 단수하고 나간다. 이것
이 정착이다. 백 10까지 흑 무리이다.

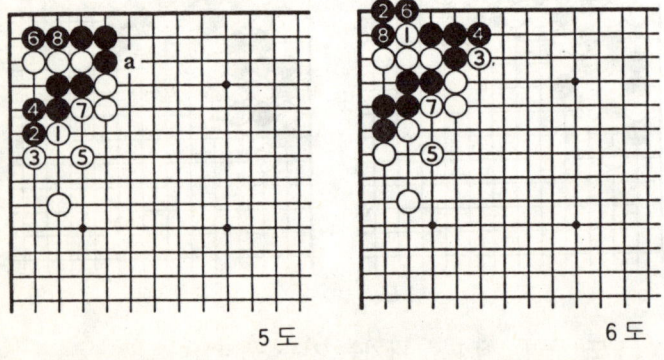

5 도   6 도

5 도(상형) 축이 유리한 모양에서는 백 1, 3 이 유력하
다.   이하 8 까지 상형이다. a 의 젖힘은 이익이 아니다.

6 도(내려섬) 백 1 의 내려섬에 대하여는 흑 2 가 무난
하다. 백 3 에는 4 의 뻗음으로 이하 8 까지 불만이다.

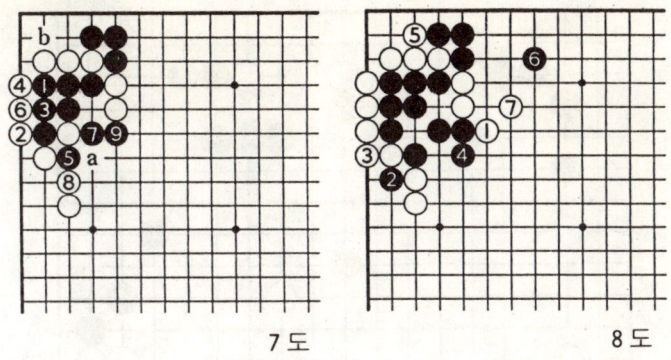

7 도   8 도

7도(변화) 흑1의 막음. 백a에서 흑b의 여지가 있는
곳이다. 흑의 공배를 이용하는 수가 즐겁다.

8도(신형) 이 후의 변화는 백1에서 7까지가 외길이
다. 신형이 생겼는데 어려운 곳이다.

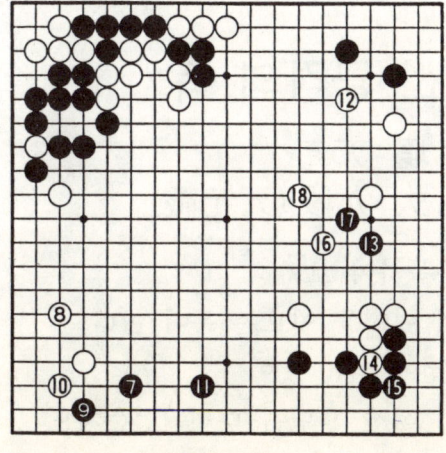

실전도 2

이상의 이유
에서 실전의 진
행은 흑의 두터
움을 이용한 유
동적인 움직임
이 필요하다.

실전도 2 (7
～ 18) 흑7에
서 백18까지 ―.
백16, 18로 우
세한 국면이다.

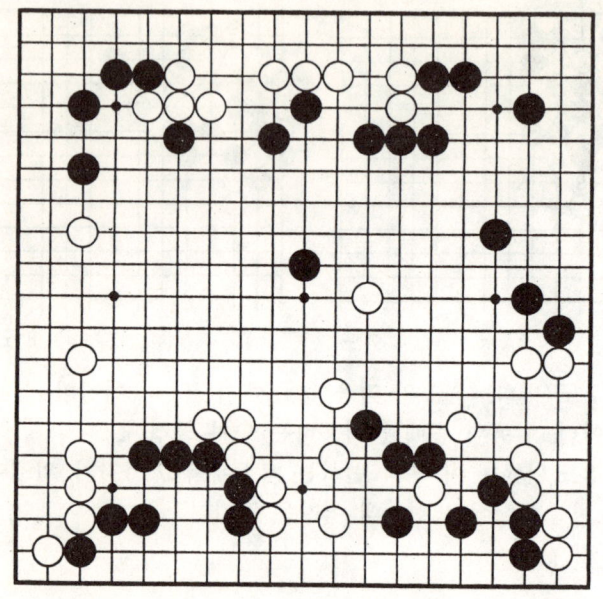

20. 백선 공격의 득

백 片岡 聰 天元
흑 石田芳夫 九段 (天元戰)

우하귀에 주목하여 보자.

공격을 하여 이익을 엿보는 득이 있다.

한 수로 역전이 되는 곳이다.

이것이 있어 석전 9 단이 다행이었는지도
모른다.

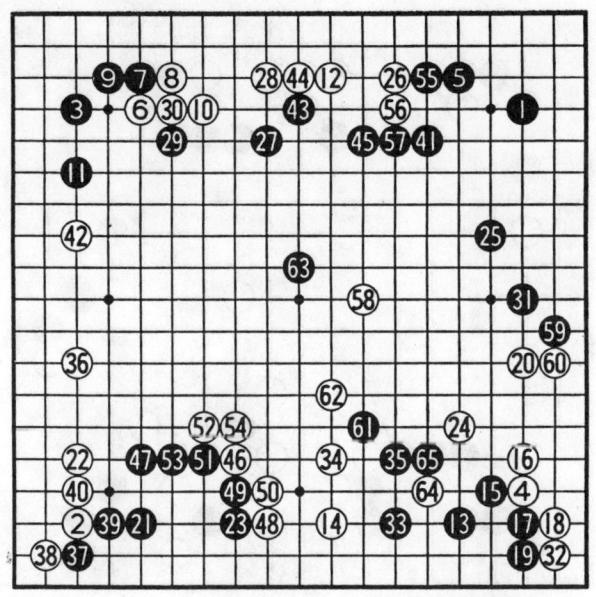

문제도까지의 수순

(1 —65)

우열의 분기점

초반전은 집차지 바둑의 양상이다.

백**58**의 모양 삭감으로 나가 경합이 있는 곳이다.

다음의 한 수가 중요하다.

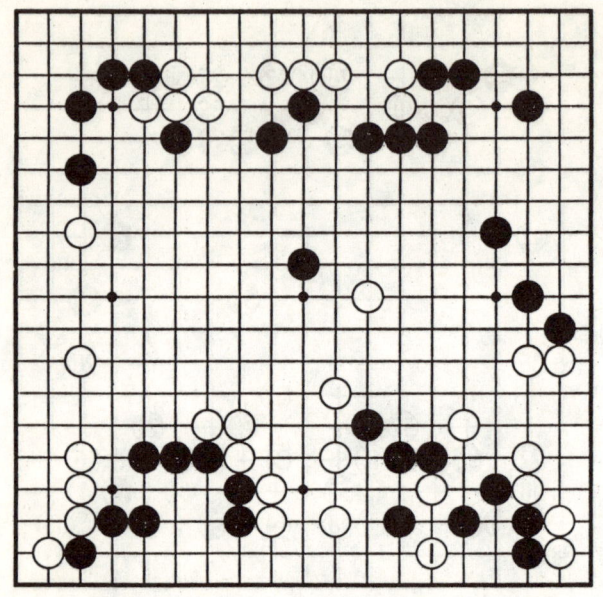

정 해 도

묘수의 치중

좌하귀의 흑을 공격하는 급소는 백 1 의 치중이다.

이곳의 공격이 엄한 수이다.

최강의 응접이 문제로 이 문제는 상당히 프로급이다.

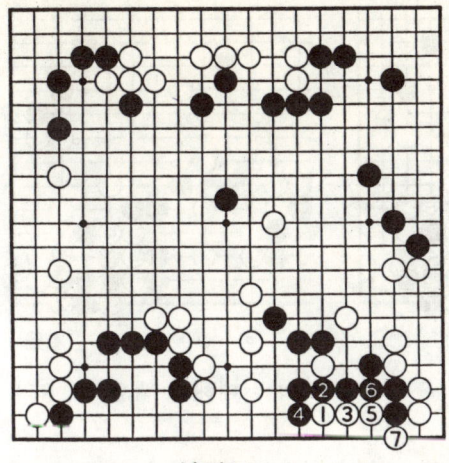

실전도 1 (1
~ 7) 흑 4 의
내려섬은 무리.
백 3 이 좋은
수이다. 흑의
집 모양에 불안
함이 남는다.
큰 변화가 나
타난다.

실전도 1

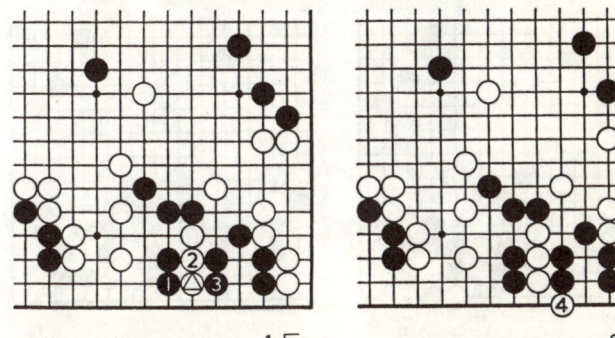

1 도   2 도

1 도(최강) 흑 1 의 내림에 백 2, 흑 3 의 누름이 최강
이다. 대책은 어느 곳일까? 백⊘를 염두에 둔 호수의 갈
림이다.

2 도(젖힘) 정해는 백 4 의 젖힘이다.
흑의 다음 한 수가 궁금하다. 어떻게 두어야 할까?

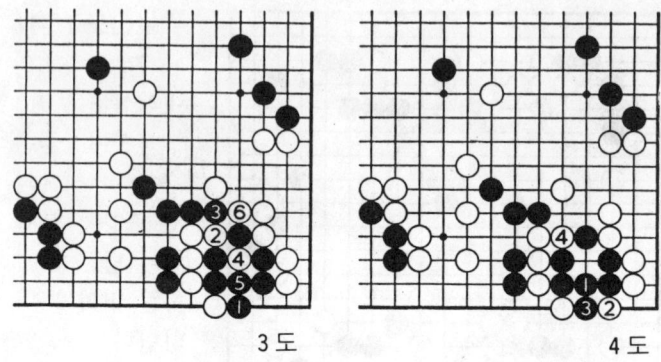

3 도   4 도

3 도(패) 그러면 흑 1 의 내려섬에 대해서 백 2, 4, 6의 성립이다.

4 도(실패) 흑 1 의 이음이 강수같이 보이나 이것은 백 2, 4 가 있어 실패다.

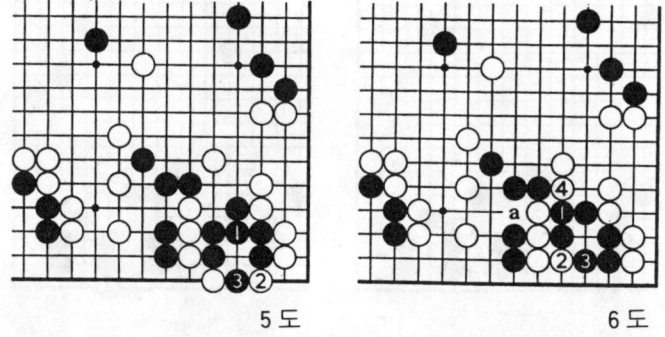

5 도   6 도

5 도(패) 흑 1 이 약점을 보강하는 수 같으나 역시 백 2 로 젖혀 패이다.

6 도(악수) 흑 1 의 빈삼각은 악수이다.

백 2 에 흑 3 다음 a 가 터져 있어 백은 연단수로 이긴 다.

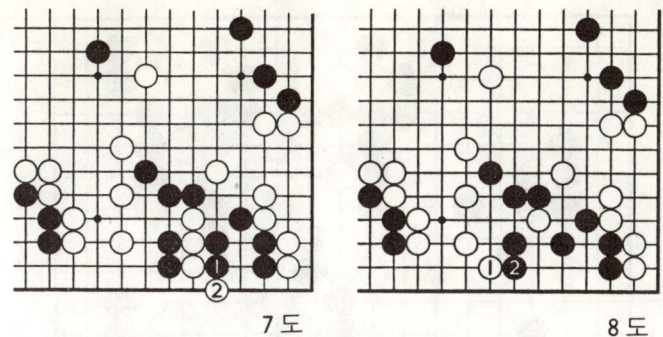

7 도   8 도

7 도 (아래젖힘의 묘수) 이런 모양에서는 2 의 젖힘임을 기억해 두기 바란다.

흑 1 의 강수는 2 의 대책이 있음을 알아야 한다.

8 도 (부족) 백 1 의 마늘모엔 흑 2 로 받아서 승기를 놓친다. 실전과는 큰 차이다.

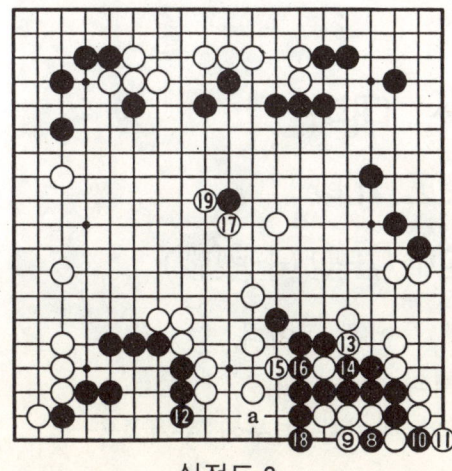

실전도 2

실전도 2 (8 ~ 19) 자, 그러면 다음을 살펴보자. 흑12의 내려섬에서 백 17, 흑18 다음 19의 젖힘으로 공격하여 이득이다.

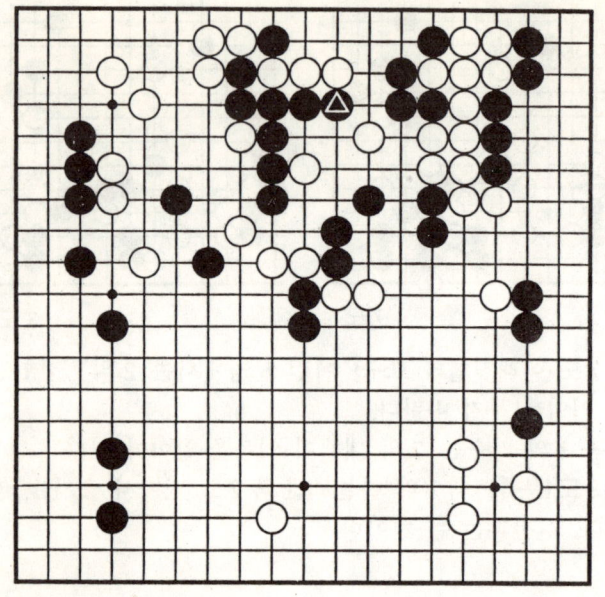

21. 백선 대마

백 羽根泰正 九段

흑 大竹英雄 碁聖(十段戰)

흑이 ● 표로 두어온 곳이다.
이에 대한 백의 대응이다.
좌상귀의 백의 대마를 염두에 두자.

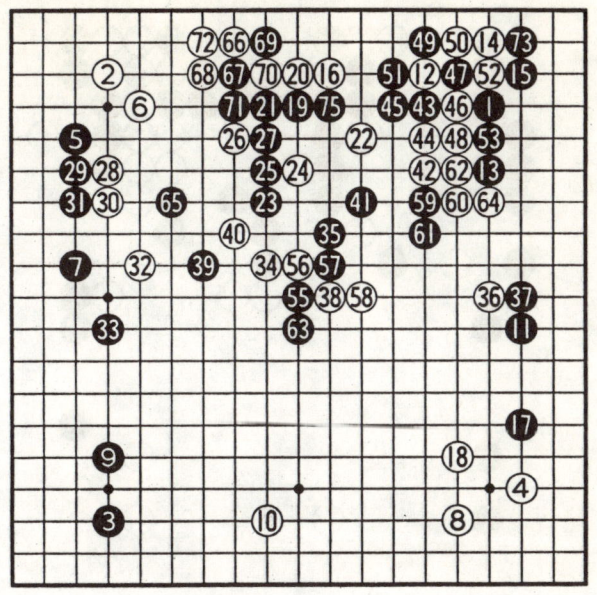

㉔ 패 (12)
㉞ 패이음

문제도까지의 수순
(1 —75)

공격적인 한판

백**34**로 머리씌워 가운데 흑을 공격하는것
도 한판의 바둑이다.

백**66**의 날일자, **67**에서 **75**까지로 흑 4
점을 구출하기 위하여 나갔다.

대마를 염두에 둔 다음의 한수는?

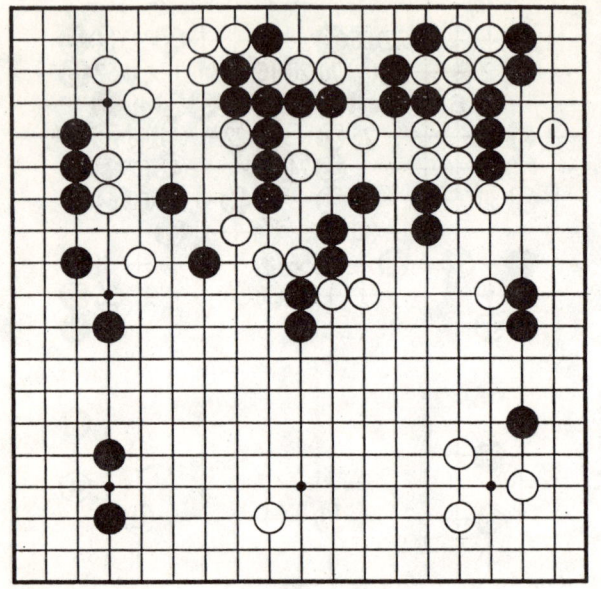

정 해 도

3 점머리의 급소

눈모양에 피습을 하는 백 1이 이곳에서
의 포인트이다.

사실 무작정 살려고만 움직이는 것은 오
히려 문제가 된다.

급소의 일격이다.

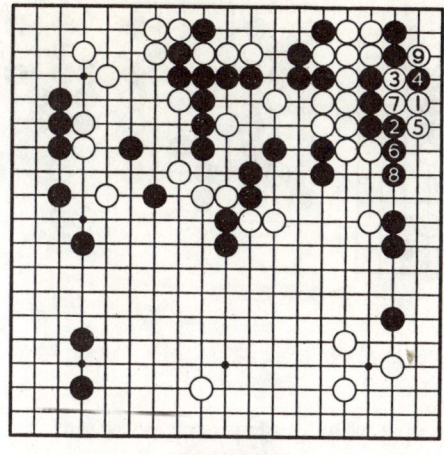

실전도 1

실전도 1 (1
～ 9) 백 1 이
급소. 3 점머리
의 중앙을 찌르
는 수이다.

이런 점은 경
험에 비추어 금
방 생각이 나는
곳이어야 한다.

흑 2 에서 9
까지 필연이다.

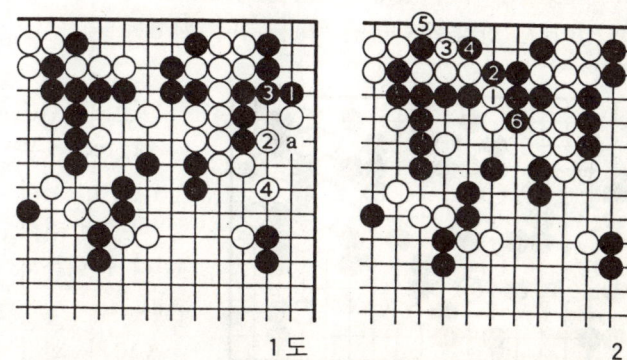

1 도   2 도

1 도 (주의) 흑 1 의 받음은 백 2, 4 로 살 수가 없다. 주
의하기 바란다. 흑 1 로 a 는 백 2 로 나쁘다.

2 도 (흑승) 백 1 의 절단은 무리이다.

흑 2 에서 6 까지의 수순으로 백이 전멸을 한다.

단연 흑승이다.

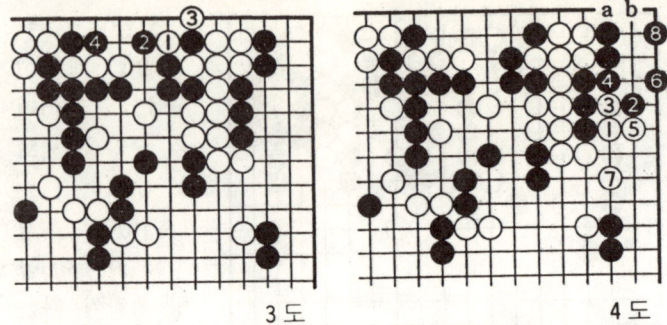

3 도   4 도

3 도(손해) 백 1, 3 으로 한점을 끊어 잡는 것은   너무나 단순하다.

이것은 흑 4 까지 되어 백의 손해가 크다. 실패도이다.

4 도(실패) 백 1 의 젖힘은 어떨까?

이 수는 흑 2 의 수가 좋다. 다음에 흑 8 은 생략할 수 없는 점이다. 만약 생략하면 백a, 흑b, 백 8 로 죽는다.

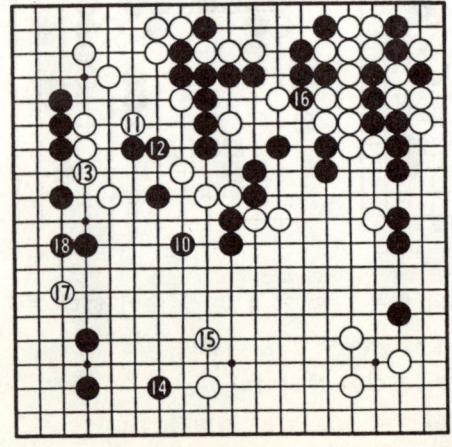

실전도 2

실전도 2 (10 ~ 18) 백은 우상귀에서 실리를 마음껏 취하고 나서 되돌아 온다.

흑10의 한칸이 좋은 점이다.

이 다음은 백의 압승으로 끝이 났다.

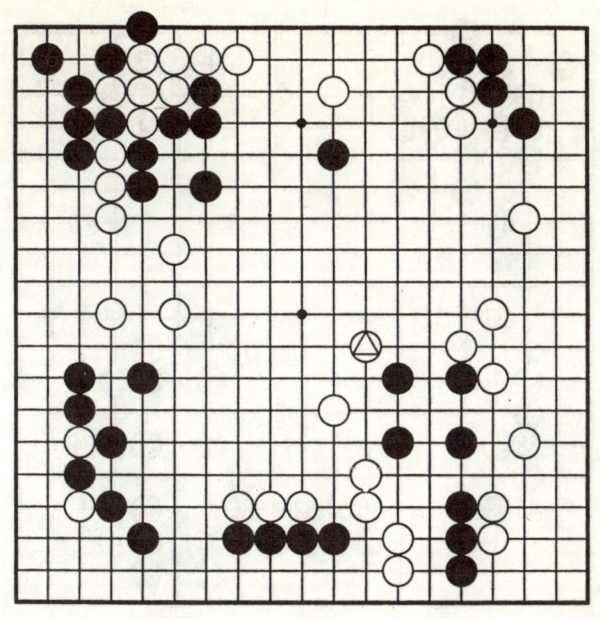

22. 흑선 최선의 압박

백 安倍吉輝 八段
흑 苑田高一 九段 (十段戰)

백⬡표로 흑모양을 압박하고 있다.
최선의 응수는 어느 곳일까?
모양의 맥점을 찾아야 한다.

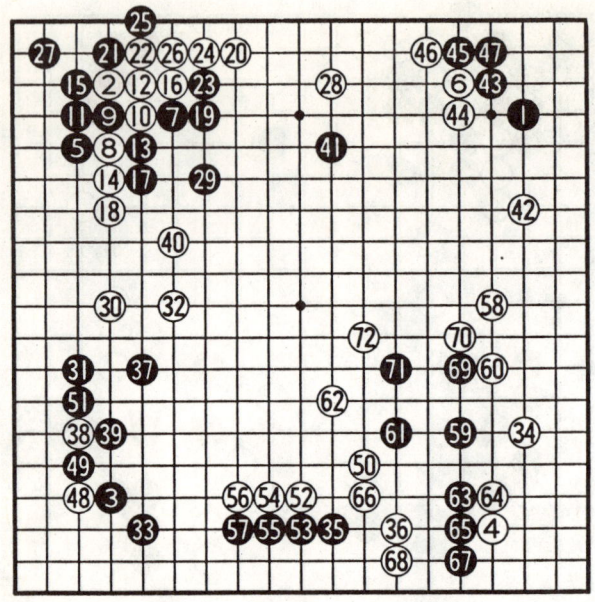

문제도까지의 수순

(1 ∼72)

눈목자 벌림

좌상귀의 대사정석은 백30까지 일단락이
된 모양이다.

흑33, 백34의 눈목자가 좋은 점이다.

한판의 바둑이 진행된다.

자, 67의 내려섬에서 69, 71다음 백72의
공격이다.

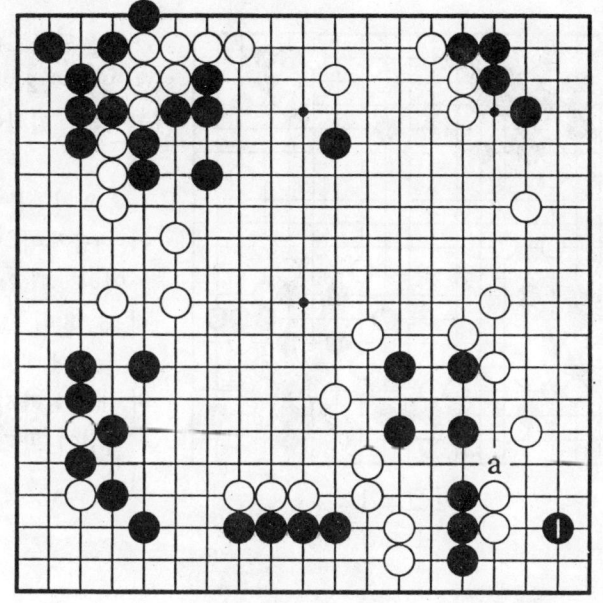

정 해 도

치중의 묘수

혹이 기대하는 맥은 혹1의 치중이다.

이런 묘수를 둘 수 있어야 한다.

　백 모양의 급소이다. 백이 a로 두는것은

틀림없을 것 같은데 ······

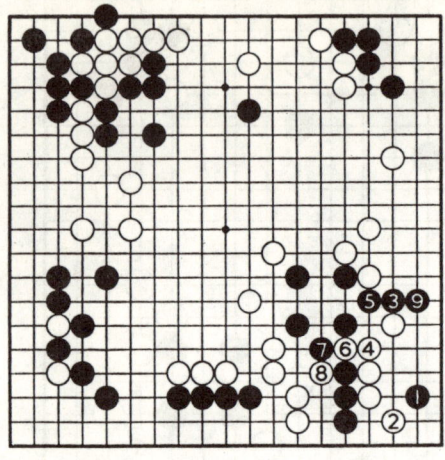

실전도 1

실전도 1 (1
～ 9) 백 2 가
고심의 일착이
다.
　흑 3 의 붙임
이 대응책이다.
　이하 백 4 에
서 6, 8 의 나
가 끊음에 백 9
의 내려섬까지 ―
　백집이 파괴
된다.

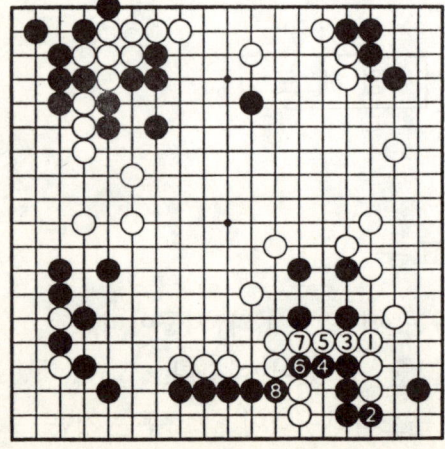

1 도

　1 도(흑이 좋
다) 백 1 로 두
는 것은 발이 느
리다.
　흑 2 다음에
백 3, 5, 흑 4,
6 다음 8 까지
흑의 실리가 크
다.·

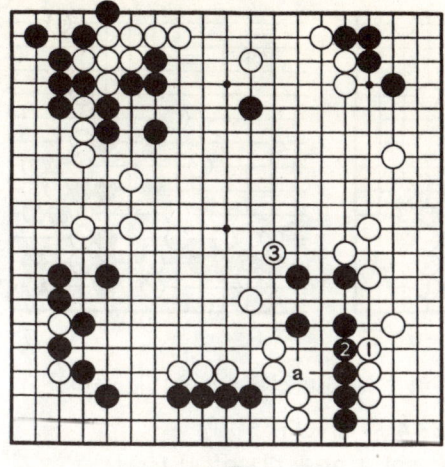

2 도 (이상형)
누르기전에 백
1 로 먼저 둔다.
그런 다음에
흑 3 이면 문제
가 생긴다.
흑 2 의 교환
은 승세인데 흑
2 로 a 의 곳에
붙이는 묘수가
있다.

2 도

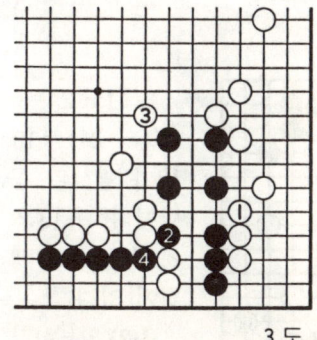

3 도

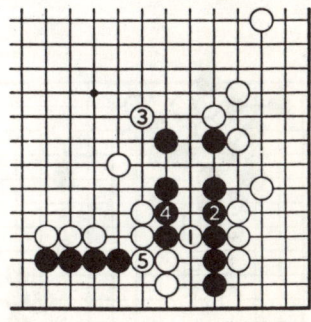

4 도

3 도 (맥점) 백 1 에 대하여는 흑 2 가 맥이다.
응수를 물어보는 수순이 좋다.
흑 3 에는 4 의 끊음이 성립한다.
4 도 (최강) 흑의 붙임에 백 1, 3 이 최강이다.
흑 4, 백 5 다음이 움직이기 어렵다.

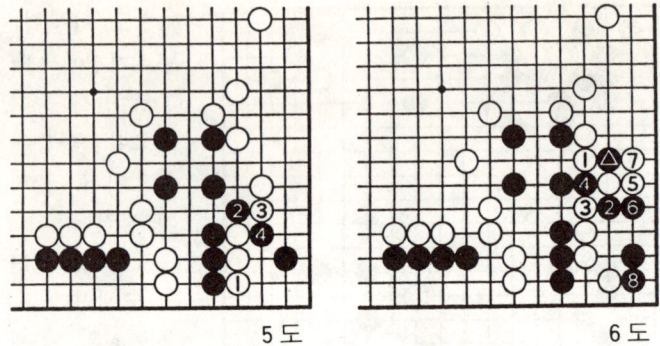

5 도   6 도

5 도(맥의 위력) 백 1 의 내려섬은 악수이다. 공배를 두
는 자충이다.   흑 2, 4 로 잡는다.

6 도(무리) 흑▲ 표의 붙임에 대하여 백 1 로 싸우는 것
은 무리이다.   흑 8 까지 4점이 죽는다.

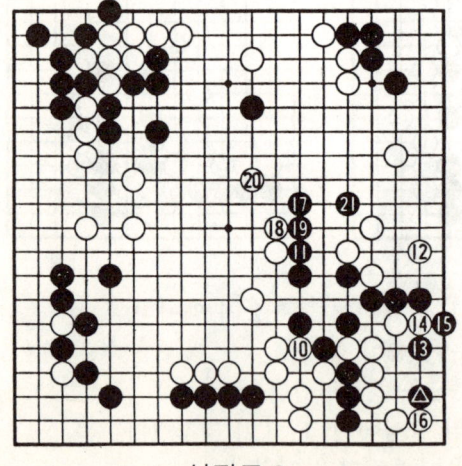

실전도 2

실전도 2
(10 ~ 21) 백 10,
12가 필사의 공
방이다. 흑 13으
로 흑▲ 표의 생
환이 있다.

흑 21의 한칸
다음 백은 모양
이 엷어서 더이
상 추궁할 수 없
다.

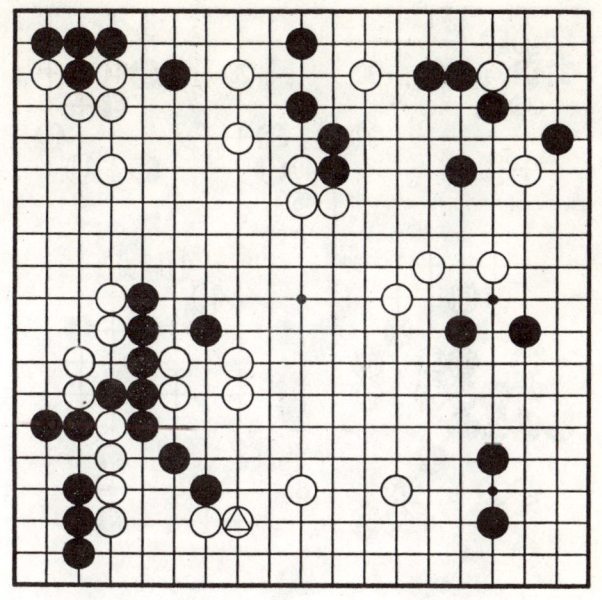

23. 흑선 치명상

백 大竹英雄 碁聖
흑 林海峰 本因坊 (NEC배)

흑의 마늘모 붙임에 대하여 백△표로 뻗은 모양이다. 치명적인 손해를 자초한 수이다.

비명을 지르게 하는 수는?

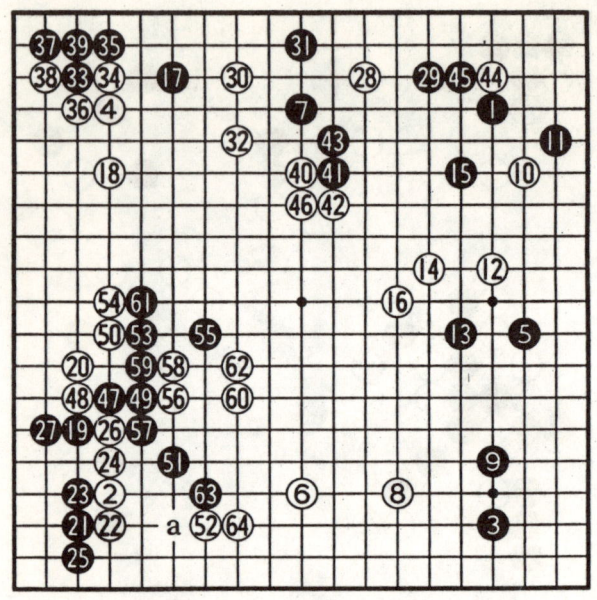

문제도까지의 수순
(1 ~ 64)

끄는 수

백**28, 30**으로 상변에 침입을 한 국면이다.
흑**33**은 의문이다. 다음 **40**의 한칸까지.
백**40**을 두어 유망하다.

흑**47**이 승부수. 백**64**는 a로 끄는 한
수이다.

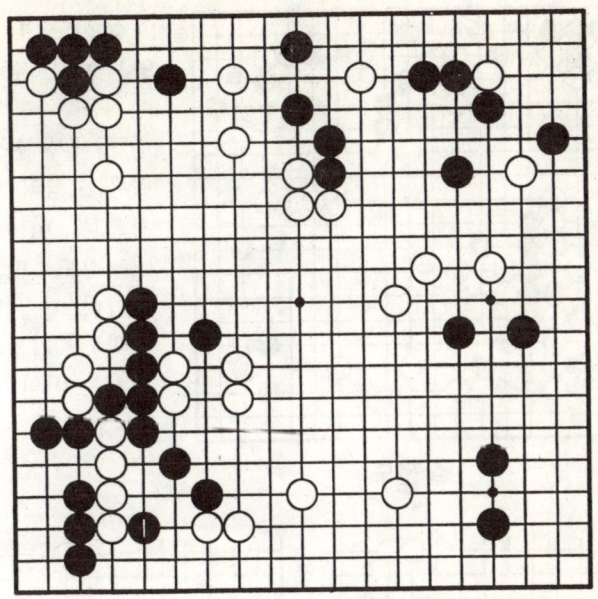

정 해 도

붙임의 맥

뻗음이 치명상인 이유는 다음의 한수로
명확해진다.

대죽 기성의 불각의 한 수!

흑1의 붙임이 그것이다.

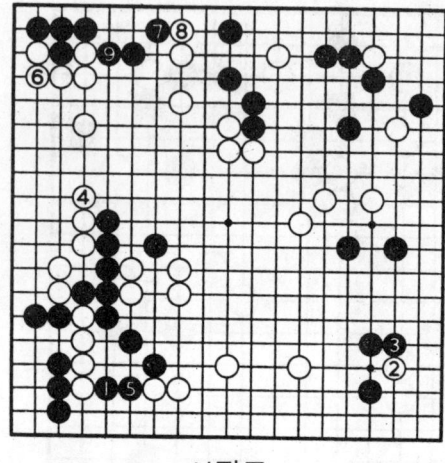

실전도(1 ~ 9) 이런 점은 어려운 수이지만 임해봉 본인방은 고심의 일착으로 비세를 어느정도 만회하였다.

대죽 기성으로서는 마의 수일 것이다.

실전도

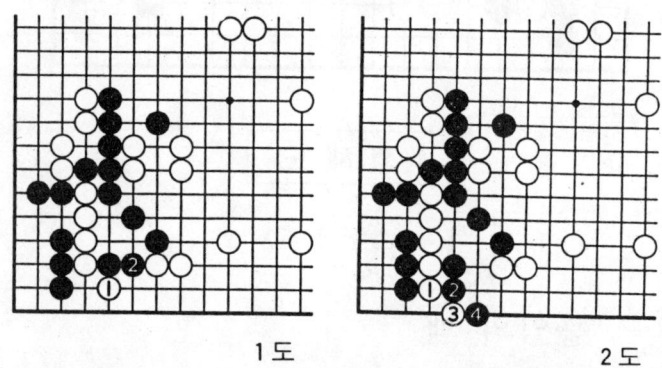

1 도   2 도

1도(도망) 백 1 의 젖힘은 흑 2 다음으로 도망을 갈수 없다.

이 점이 급소이다.

2도(내려섬) 백 1 의 내려섬에 흑 2, 다음 3 의 젖힘이 강수이나 흑 4 로 대항을 한다.

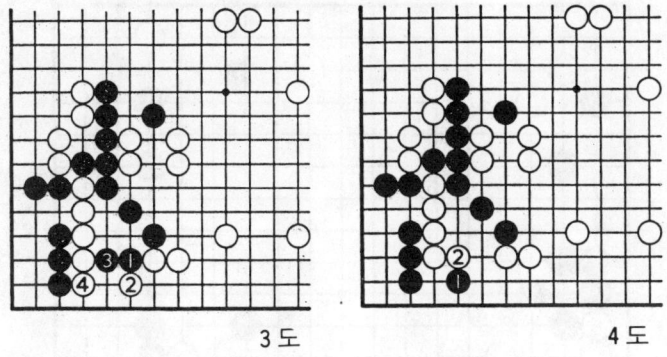

3 도   4 도

3도(실패) 흑1의 젖힘은 어떨까? 이것은 백2, 4가 있어 실패다.

제1감으로 4의 내림이 있다. 흑의 실패이다.

4도(뜀) 흑1의 한칸 뜀은 어떨까?

이것도 의미가 없다. 백2로 그만이다.

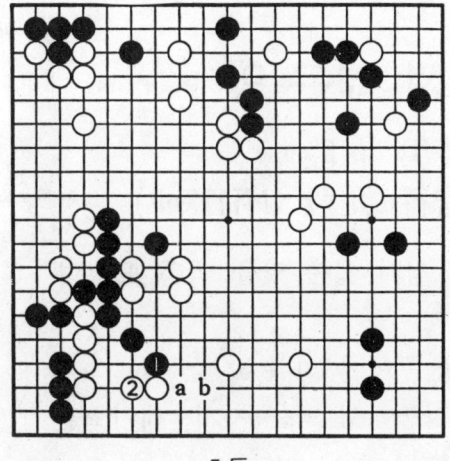

5 도

5도(끄는 수) 흑1의 마늘모 붙임에 대하여 백2의 끄는 수가 정착이다.

이 다음 a와 b의 맛이 남는다.

어느 곳으로 두어도 좋다.

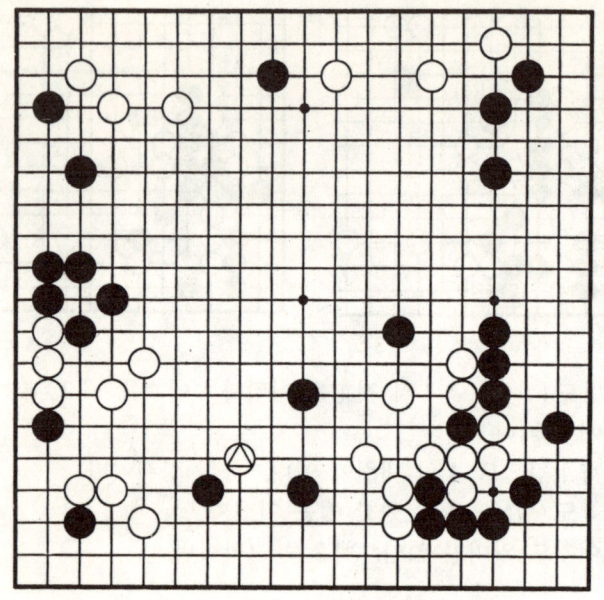

24. 흑선 엷은 맛

백 坂田栄男 九段
흑 藤沢秀行 九段 (NHK배)

하변의 흑 3점의 엷은 맛을 백△표로 엿
보고 있다.

흑이 어떻게 두어야 하나?

이 부분의 절충에서 백은 자기 페이스를
유지하려고 한다.

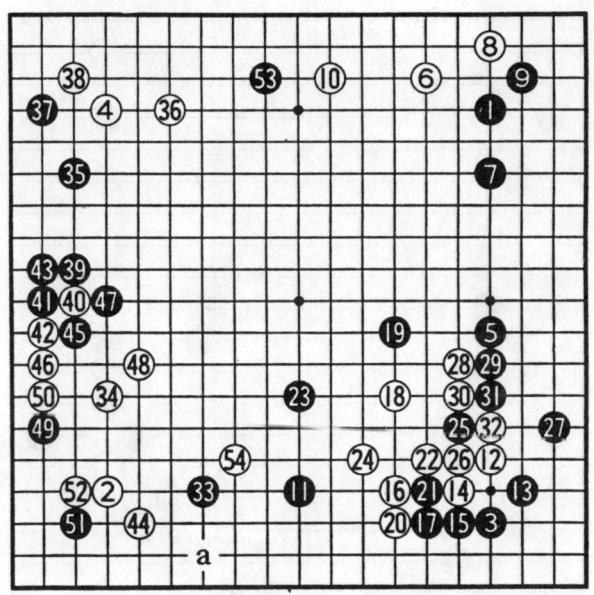

문제도까지의 수순

(1 —54)

큰 모양의 대접전

명예 NHK 배 선수권자 반전영남 9 단과
전 기성인 등택수행 9 단간의 대접전이다.

49, 51로 전투에 돌입하였다.

백**54**가 문제의 일착이다.

백a의 날일자가 좋은 수이다.

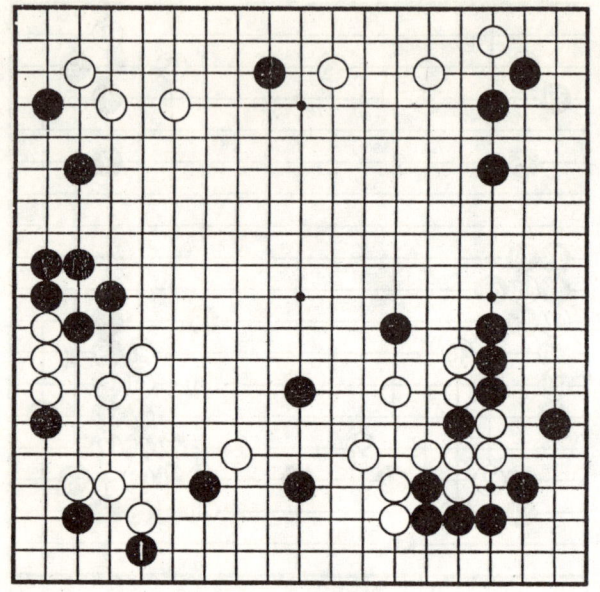

정 해 도

기민한 아래붙임

여기에서의 맥점은 알기가 쉽다.

등택수행 9단의 착상이 좋다. 정해 흑 1
의 아래 붙임이 의표를 찌르는 한 수이다.
기민한 수로 바둑을 이기는 쪽으로 이끈다.

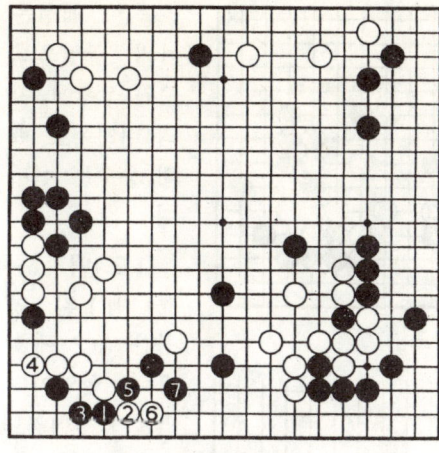

실전도 1

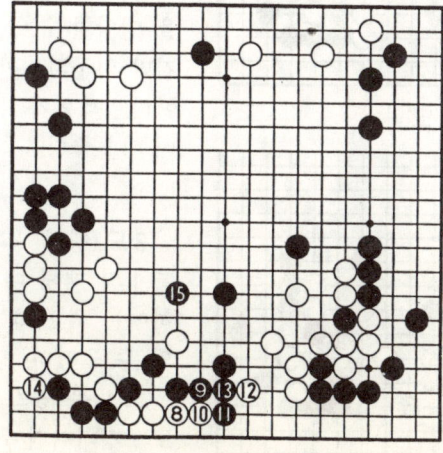

실전도 2

실전도 1 (1
~ 7) 흑 1의
붙임에는 백 2
의 응수가 문제
이다. 흑 5로
끊어서 모양을
갖춘다. 이하 7
까지 된다.

그러면, 백 4
의 내려서는 수
로 5의 곳을 이
으면 흑 4가 좋
은 모양이다.

하변의 흑이
가볍다.

실전도 2 (8
~ 15) 백 8에
서 흑 13까지 외
길이다.

그런 다음 백
14로 돌아간다.

흑 15로 보강
하는 수가 두터
운 한 수.

이 흑은 두터
워 6집만이 남
는다.

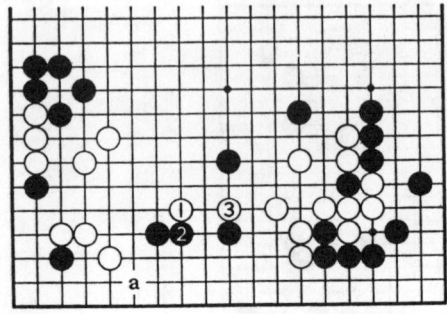

1 도

좋은 맥점은
아래 붙임으로
주위 상황에 따
라 변하여도 백
의 응수는 어렵
다.

1 도(백의 주
문) 백 1 의 엿
봄은 흑 2 에서
3 의 붙임이다.
흑a 가 쟁점이다.

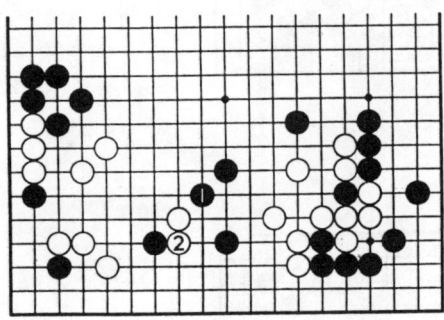

2 도

2 도(흑이 나
쁘다) 흑 1 의
마늘모는 중앙
을 연락할 수 있
지만 의문의 수
이다. 백 2 가
너무나 좋다.

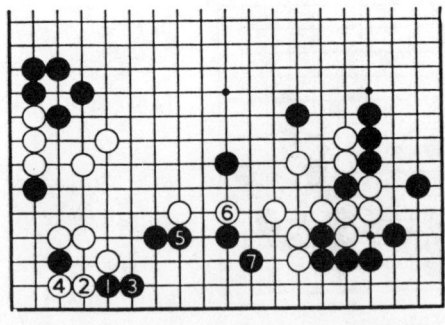

3 도

3 도(쟁점)
흑 1 의 맥에 대
하여는 백 2, 4
의 수도 있다.
그 다음 6 으
로 건너가기까
지—.

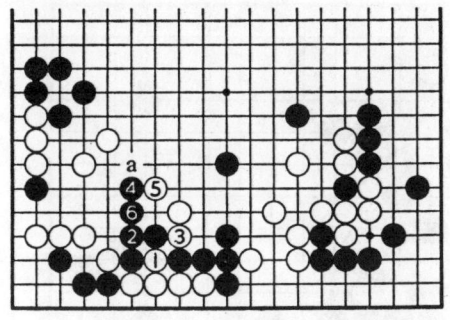

4 도

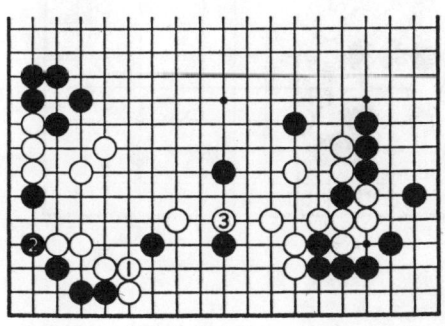

5 도

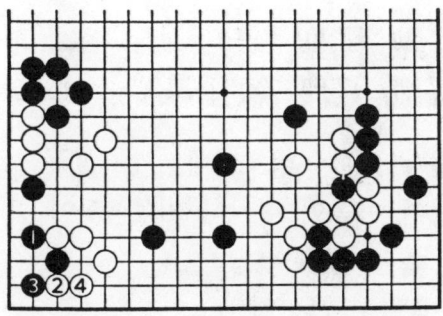

6 도

4 도 (무리)
귀로 되돌아가
서 백 1, 3 으로
끊어서 공격하
는 것이 촛점이
다.

백 5 에 흑 6,
다음 백 a 로 젖
혀도 한 수부족
이다.

5 도 (좋다)
전술한 바 있듯
이 백 1 로 이으
면 흑 2 로 두
어 흑이 좋다.

6 도 (귀의 사
활) 본보 흑 53
으로 하변에 침
입하는 수는 백
4 가 있어 살기
가 어렵다.

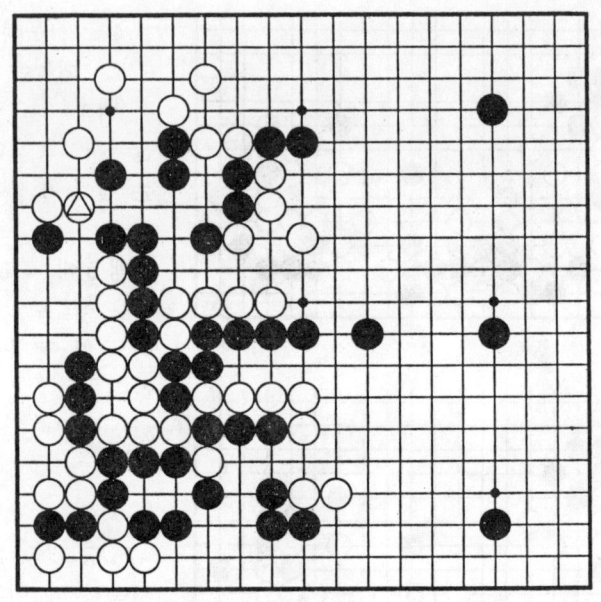

25. 흑선 기성의 마음

백 趙 治 勳 棋聖
흑 安倍吉輝 八段 (勉強碁)

이것은 정선(貞先)의 바둑이다.

조치훈 기성의 마음이 나타나 있는 곳이
다.

백이 △로 올라선 모양이다.

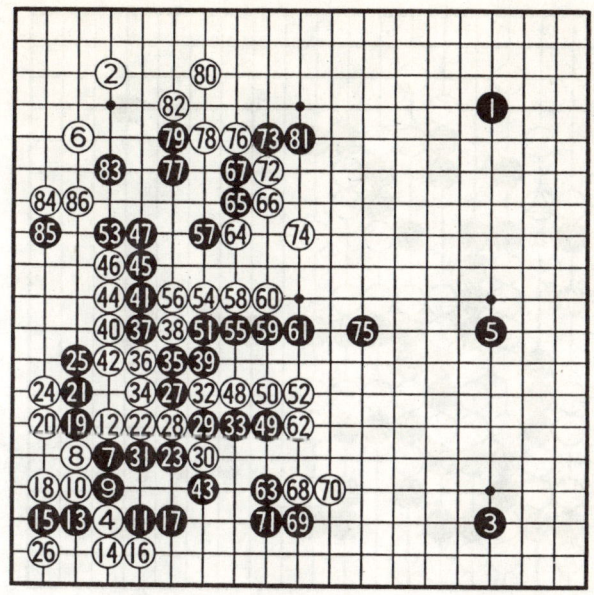

문제도까지의 수순

(1 ~86)

착탄거리의 차이

조치훈 기성의 백△표는 경과도에서 알 수 있듯이 86의 올라섬이다.

착탄거리의 차이로 고전의 양상이 보인다.

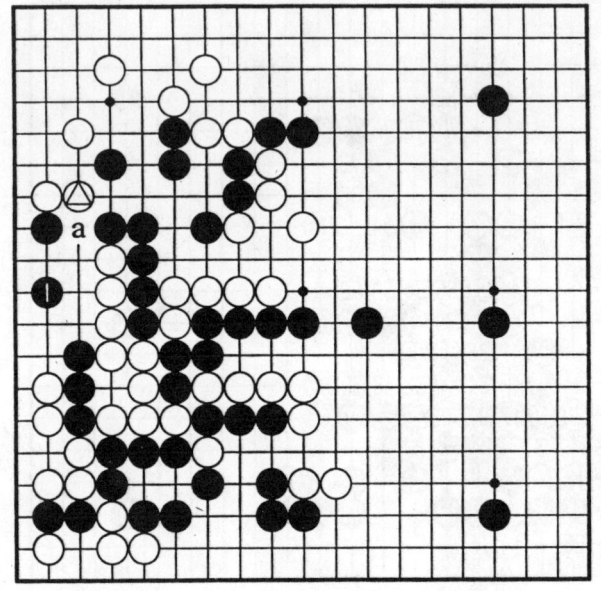

정 해 도

3연패, 4연승

먼저 알아두어야 할 것은 명인전에서 3
연패후 4연승을 한 기록이다.

이 바둑은 그 직후에 두어졌다.

흑a를 예상하는 백△에 흑1이 호착이다.

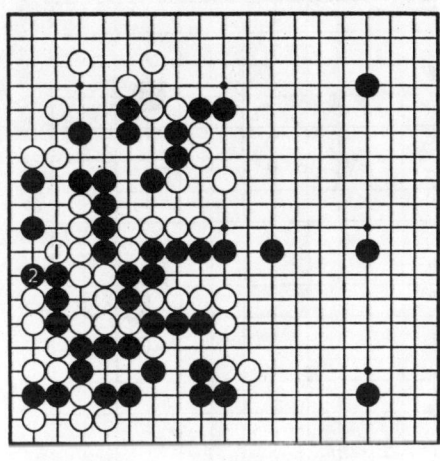

1 도

1 도(단명기)
여기에서 바둑
을 던졌다.
　왜냐하면 백
1이면 흑2로
내려서서 그만
이기 때문이다.

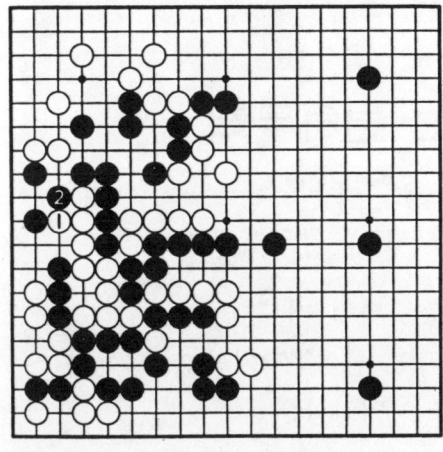

2 도

2 도(공배)
백1로 두는 것
은 흑2가 있어
서 안된다.
　공배 메꿈이
있는 자충이 있
기 때문이다.

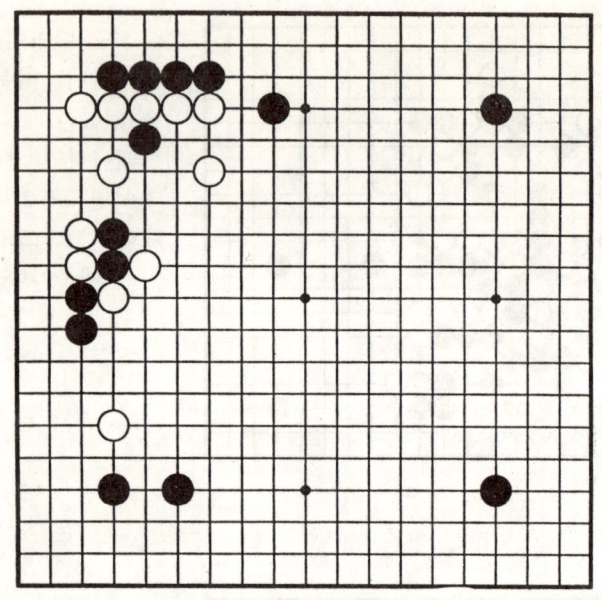

26. 흑선 천하무적

백 青木紳一 三段
3점 安倍結美子 (指尊碁)

기원생인 結美子와의 기도기이다.
　3점의 첫수라면 천하무적이라고 하는데
다음의 한 수는 어디일까?

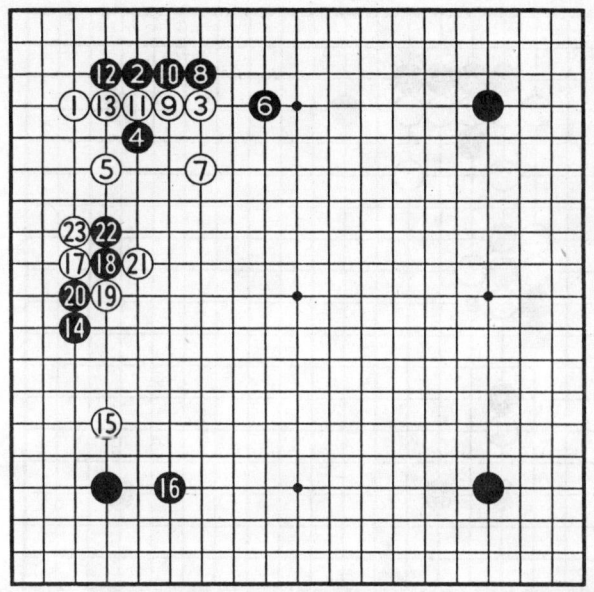

문제도까지의 수순

(1 —23)

무리수

좌상귀에서 백 3 의 한칸 높은 협공이다.

백13까지 기본정석이다.

흑14가 호수이다.

백19, 21, 23은 강수인데 다음의 흑의 착점이 어렵다.

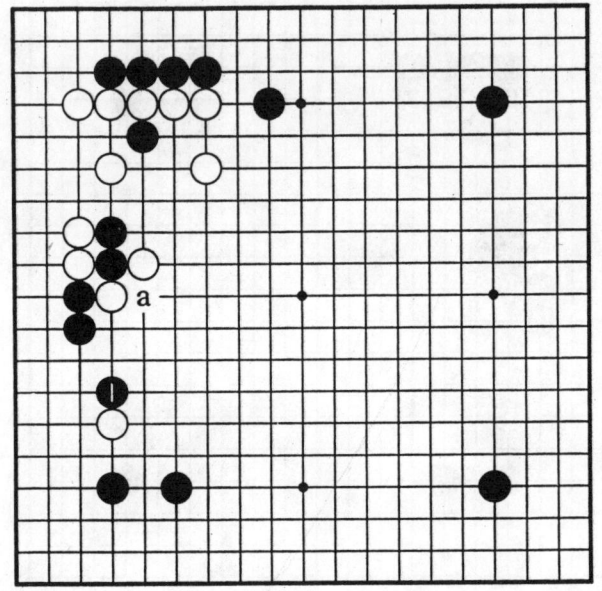

정 해 도

호수, 단순한 붙임

백의 강수에 흑1의 곳 붙임이 급소이다.
나중에 a의 끊는 맛을 노린다.

백의 대책이 어려운 곳으로 3점 바둑의
포인트는 완착의 돎이라고 해도 좋을 것이
다.

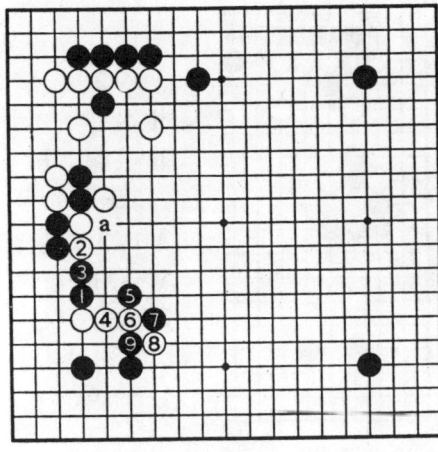

실전도 1

실전도 1 (1
~ 9) 흑a의
끊는 맛을 없애
는 직접적인 수
는 백 한점의 움
직임이다

그러나 백 2,
4 다음 흑 7, 9
까지 되면 여전
히 a의 약점이
부담이 된다.

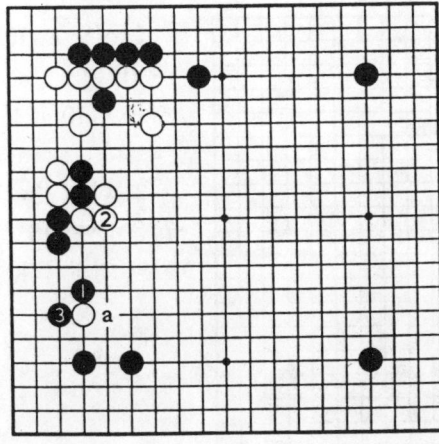

1 도

1 도 (견실)
여기에서의 맥
은 흑 1 이 좋아
서 변화를 가져
도 흑이 우위에
선다.

백 2 에 이음
은 흑 3 이 견실
한 수이다. 흑
a 의 젖힘도 생
각해볼 점인데—.

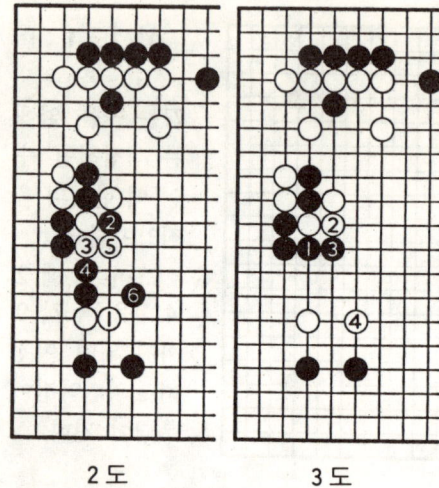

2 도   3 도

2 도 (변화)
백1의 올라섬
은 흑2, 4, 6까
지 실전과 비슷
한 결과이다.

3 도 (실패)
흑1, 3으로 밀
고 올라가는 것
은 속수이다.

백의 작전이
성공이다.

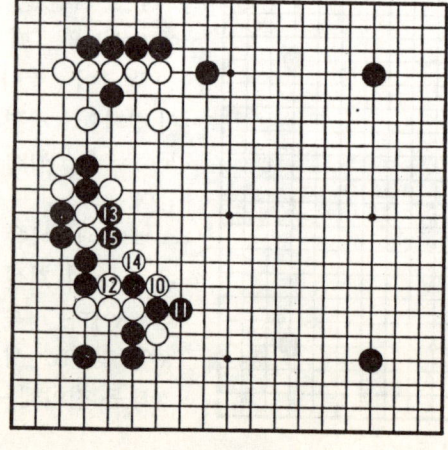

실전도 2

실전도 2 (10
~ 15) 이 곳에
서는 백10, 12까
지이다.

그 다음 13의
끊음에서 15까
지의 결과이다.

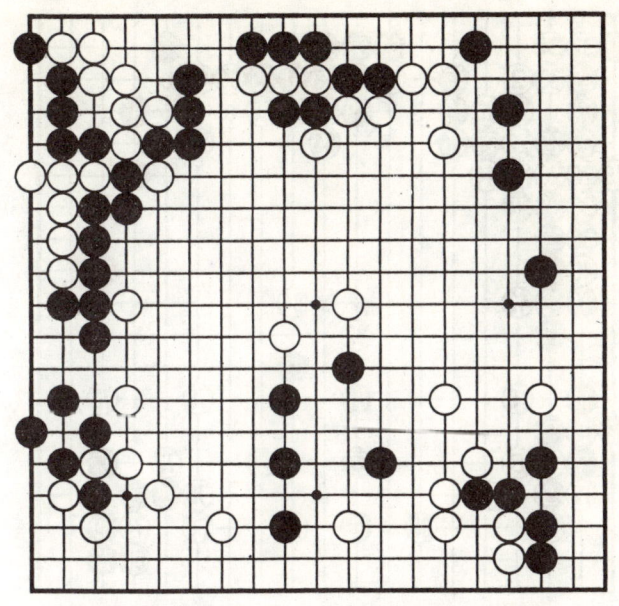

27. 백선 공격의 급소

백 小杉　清 七段
흑 金川正明 七段 (昇段戰)

하변의 흑이 불안한 모양이다.
모양의 급소는 어느 곳일까?
일격을 가할 필요가 있다.

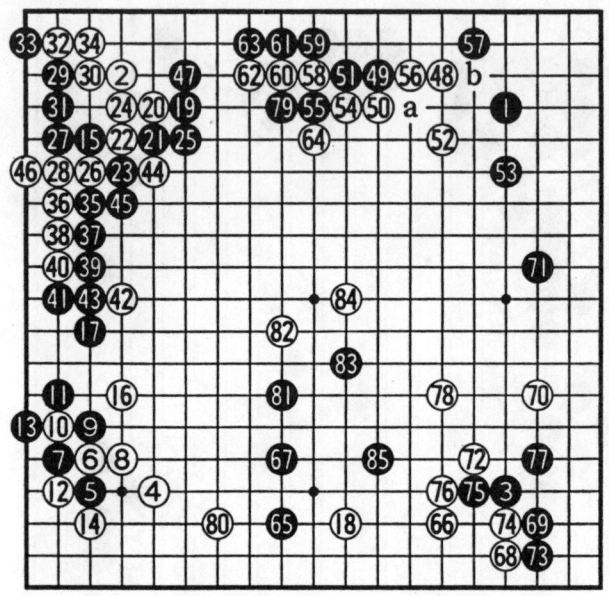

문제도까지의 수순
(1 ∼85)

감상

금천정명 7단은 나의 제자이다.

감상을 부탁하였기에 요점을 소개하고자
한다. 흑33은 악수이다. 흑47은 a의 2칸
이 어떨까? 흑55는 나쁘다. b의 마늘모
붙임이나 58 의 뻗음이다.

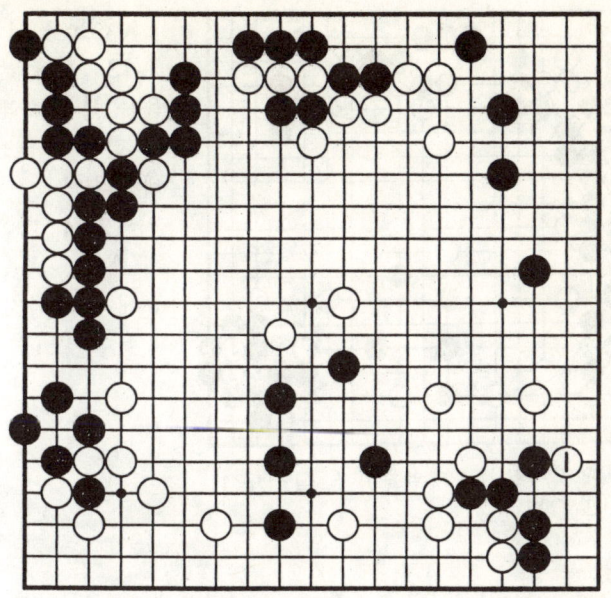

정 해 도

붙이는 맥

주위의 백이 견고하기 때문에 엄하게 둘
필요가 있다.

31의 흑모양의 급소는 백 1 의 아래 붙임
이다. 이 수로 인하여 백이 주도권을 잡는다.

162

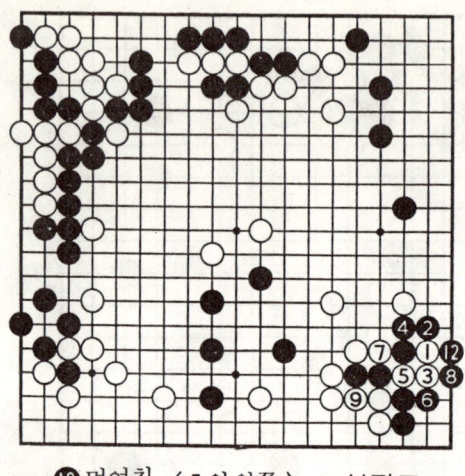

실전도 1 (1
~ 12) 흑 3 받
음은 백 2 로 뻗
어 전체가 불안
해진다.
　흑 2, 4 다음
에 백 5, 혹은
6 에서 12까지

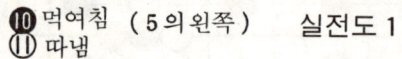
⑩ 먹여침 (5의왼쪽)　　실전도 1
⑪ 따냄

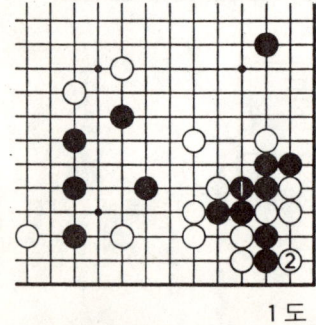
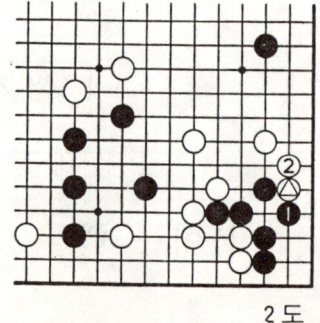

1 도　　　　　　　　　　2 도

　1 도(백의 실리) 흑 1 로 2점을 잇는 것은　백 2 로 잡
는 실리가 크다.
　2 도(위험) 흑 1 로 안쪽에서 막는 것은 백 2 로 뻗어 흑
이 위험하다.　백 △ 가 급소여서 살기가 어렵다.

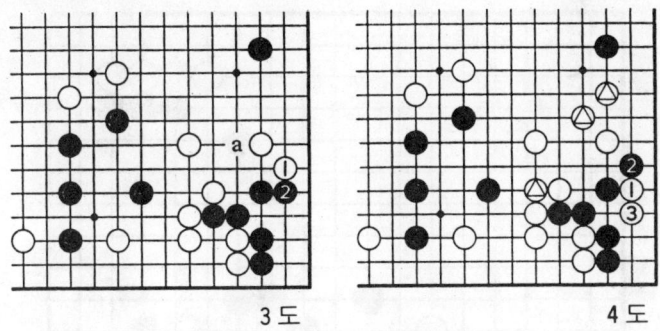

3 도   4 도

3도(실패) 백 1 의 마늘모는 어떨까?

이 수는 발이 느리다. a 의 엷음을 노리는 맛도 있다.

4도(죽다) 주위의 백이 선고하다면 백 1, 3 으로 뻗어 흑이 죽는다.

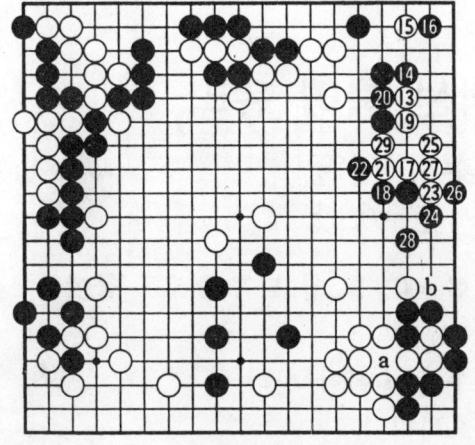

실전도 2

실전도 2 (13 ~ 29) 백 17의 이음에 대한 응수가 촛점이다. 좌하귀의 사활에서 흑18이 두터운 수.

우하귀는 백 a, 흑b의 곳. 결코 위험하지가 않다.

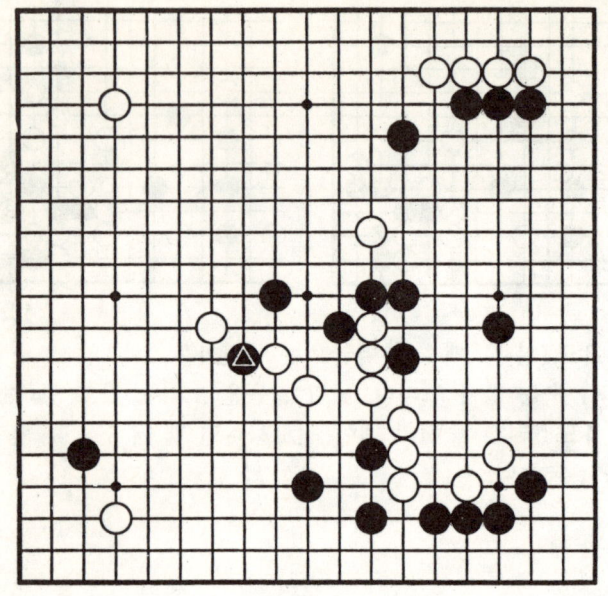

28. 백선 축이 유리

흑 羽根泰正 王冠
백 山城 宏 八段

축이 유리한 배경을 입고 흑▲로 붙여
왔다.

백의 대응수가 좋아야 한다.

수맥이 필요하다.

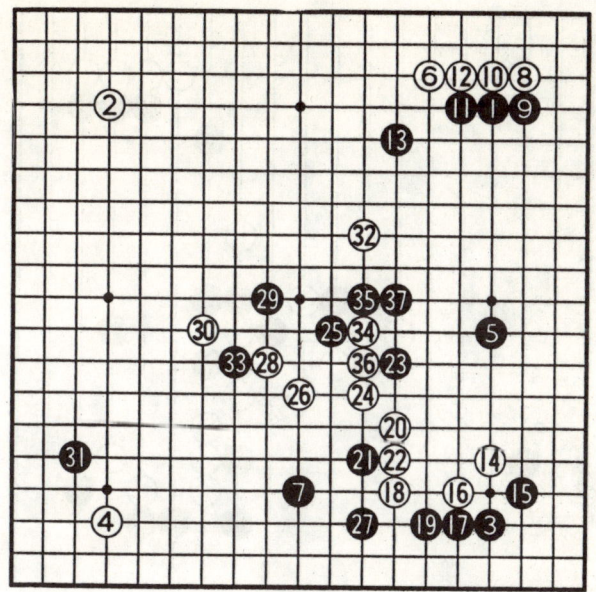

문제도까지의 수순
(1 ～37)

엄한 도전

  흑 1, 3, 5 의 중국류 포진에 대하여 백은
2, 4 로 화점과 소목이다.
  이하 14에서 30까지 갈림이다.
  32는 날일자의 엷은 맛을 노린 수.
  흑33으로 붙여 엄한 도전이다.

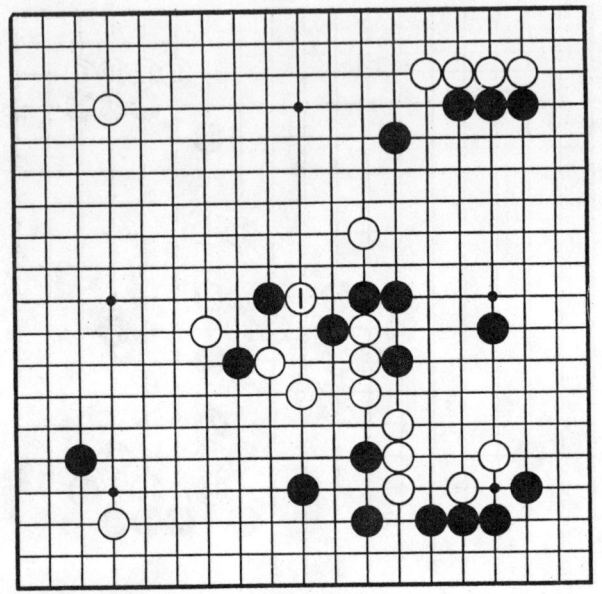

정 해 도

붙임의 응수

혹의 붙임은 축이 유리한 배경을 믿고 둔
수이다.

여기에서 백은 1의 곳을 붙여서 응수를
타진한다. 좋은 수이다.

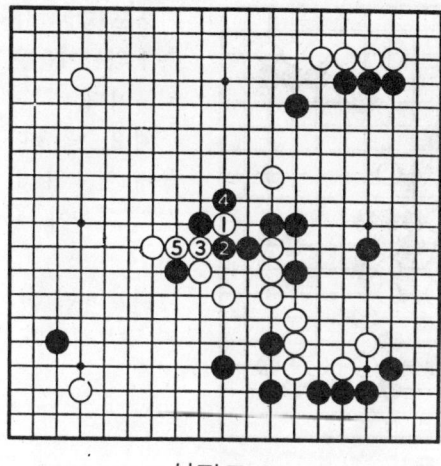

실전도 1

실전도 1 (1 ~5) 백 1의 붙임에 대하여 흑 2, 4 는 3, 5 로 맛좋은 연락이 된다.

흑 2, 4 가 두터워 만족이다.

이것은 붙임의 효과이다.

축이 나쁘지 않다면 다른 방법이 있다.

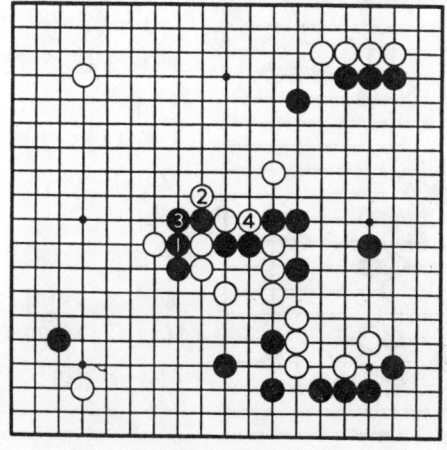

1 도

1 도 (백이 좋다) 흑 1 의 내려섬은 손해이다.

백 2, 4 로 2점이 떨어진다.

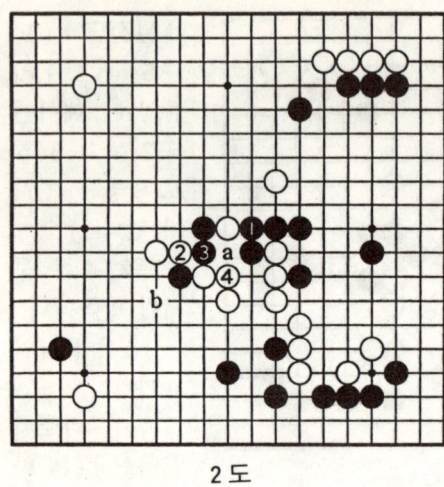

2 도

2 도(맞보기)
흑 1 의 이음은
의문이다.
　백 2, 흑 3 다
음에 백 4 의 빈
삼각 이음이 좋
다.
　다음 a 와 b
가 맞보기이다.

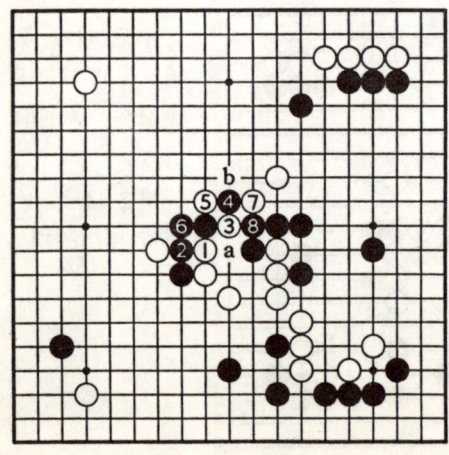

3 도

3 도(실패)
백 1, 3 은 속수
이다.
　흑 4 의 2단
젖힘이 너무나
좋다.
　백 5, 7 에는
8 이 호수여서
1 도의 변화로
되돌아 간다.

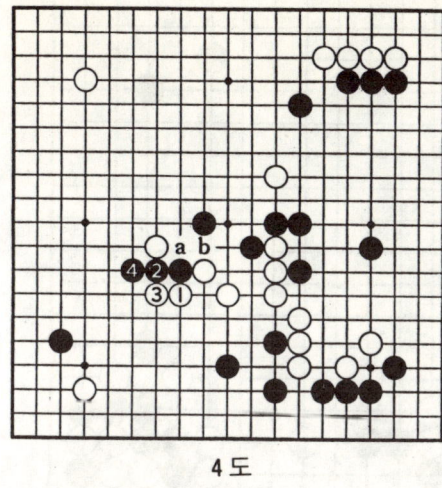

4 도

4 도(흑이 두
텁다) 흑의 붙
임에 대하여 단
순히 백 1, 3 으
로 미는 것은 중
앙이 두터워 나
쁘다.

축이 나빠 백
1 로 a 는 흑b
의 절단이다.

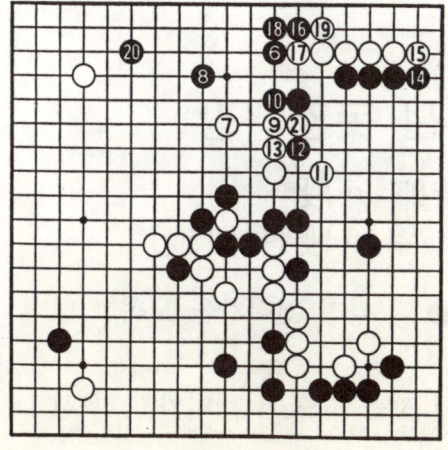

실전도 2

실전도 2 (6
~ 21) 흑 6 의
날일자가 호점
이다.

백 7 로 중앙
이 을씨년스럽다.

종반의 실착
이 나와 흑의 유
리한 국면이 역
전되었다.

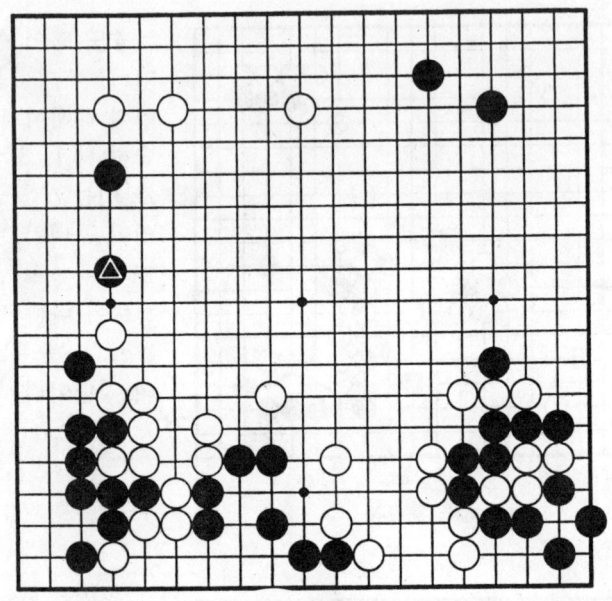

29. 백선 못건너감

백 三輪芳郎 八段
흑 黒沢忠尚 八段 (昇段戰)

좌변의 흑△로 벌려 건너감을 노리고 있
다.

이 장면에서 백은 무조건 건너가지 못하
게 하여야 한다.

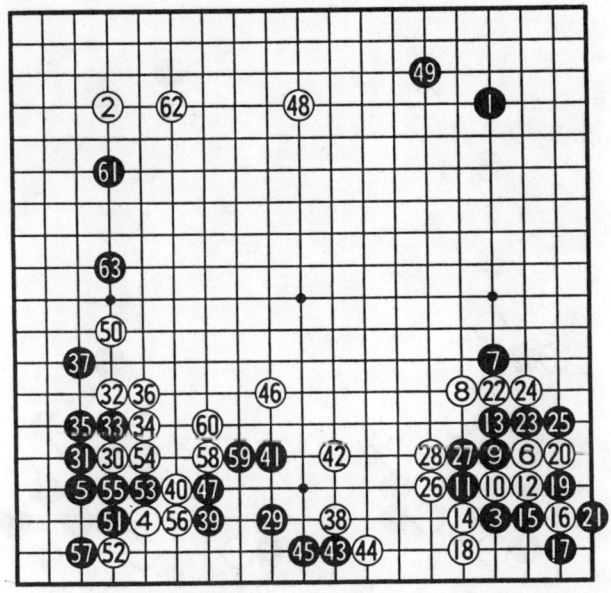

문제도까지의 수순
(1 — 63)

가지하라(梶原) 정석

좌하귀에서 백 **8** 에서 **28**까지는 가지하라
의 정석이다.

28의 3칸 협공 이하에서 백의 외세삭
감이 필요하다.

흑**61, 63**의 2칸 벌림으로 건너갈 자세이
다.

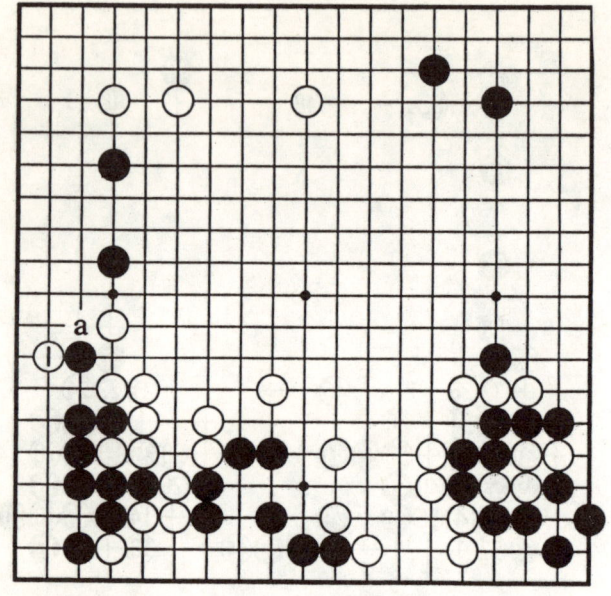

정 해 도

프로라면 당연

건너감을 방지하려면 백 1 의 아래쪽 붙임
이다.

당연한 맥점으로 프로라면 너무나 당연한
착점이다. 아마추어는 백a로 두어 흑 1 을
교환하여 나쁘다.

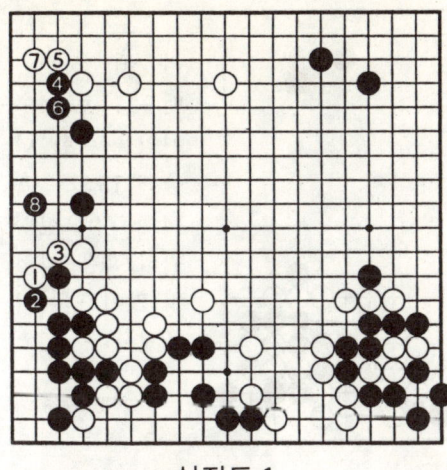

실전도 1

실전도 1 (1
〜 8) 2칸의
엷은 맛을 응징
하는 수이다.

흑 2 의 받음
은 백 3 으로 막
는다.

흑 4, 6 으로
붙여서 끌어내
면 백 7 의 지킴
다음 흑 8 로 한
칸이다.

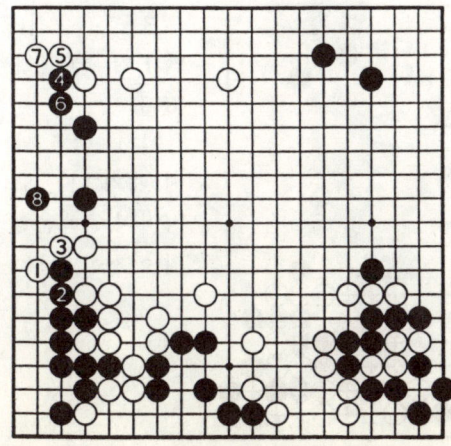

1 도

1 도 (변화)
백 1 의 아래쪽
붙임에 대하여
나가 끊는 맛이
좋다.

다음에 나가
서 끊는 맛이 있
어서 나중에 사
활 문제에 걸릴
위험이 있다.

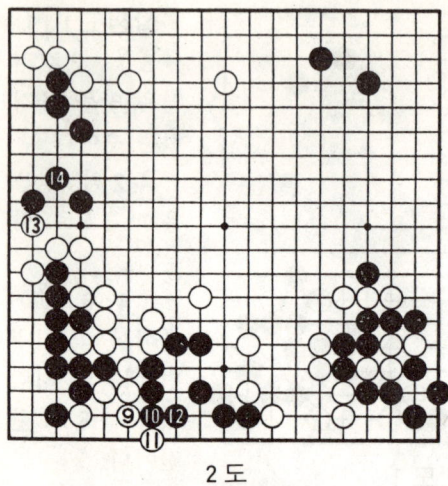

2 도 (갈림)
다음에 하변은
백 9, 11로 선수
이익을 취한 다
음 백13으로 흑
14를 강요한다.
귀의 흑은 약점
이 많이 남아서
문제이다.

2 도

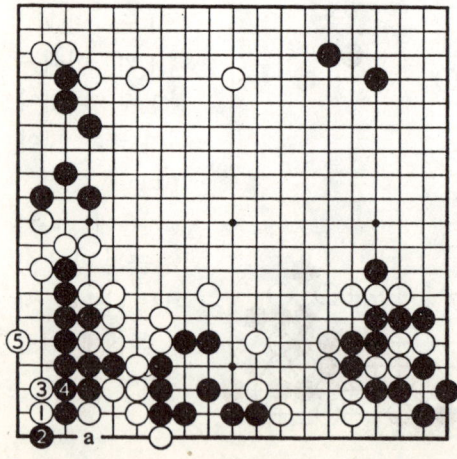

3 도 (습격)
백 1의 붙임이
있다.
　이하 백 5 까
지 패가 나는 모
양이다. 백은 a
의 이점이 남는
다.

3 도

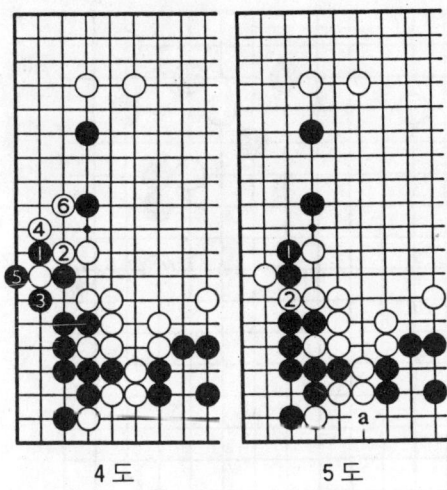

4 도   5 도

4 도 (변화)
흑1, 3 은 변화
수.   흑2점이
영향을 받아 엷
다.

5 도(귀의 흑
이 위험) 흑 1
의 수는 백a 가
있은 다음 사활
에 걸릴 위험이
있다.

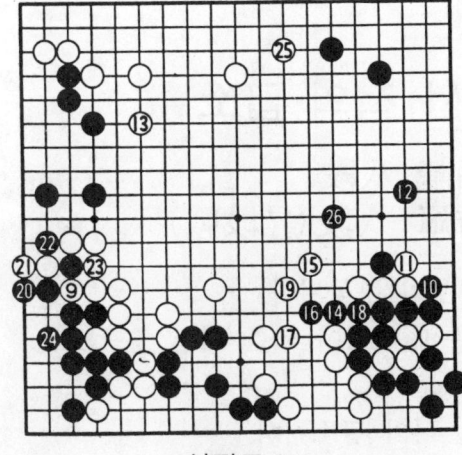

실전도 2

실전도 2 (9
～ 26) 백9로
일단락이 된 모
양이다.

다음에 흑14,
16, 18로흑은 우
위에 섰다.

흑의 견실함
을 교란한다.

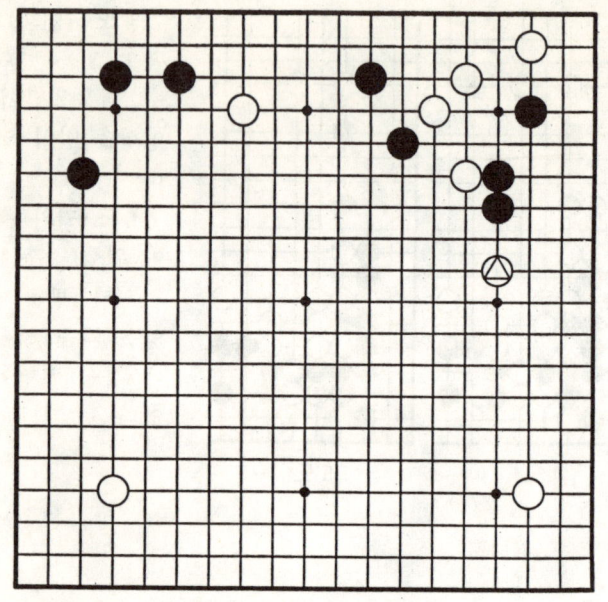

30. 흑선 적의 급소

백 佐藤昌晴 八段
흑 安倍吉輝 八段 (昇段戰)

좌하귀의 전투가 주목된다.

백△의 내습에 대하여 좋은 대처 수단은
없을까?

적의 급소는 나의 급소이다.

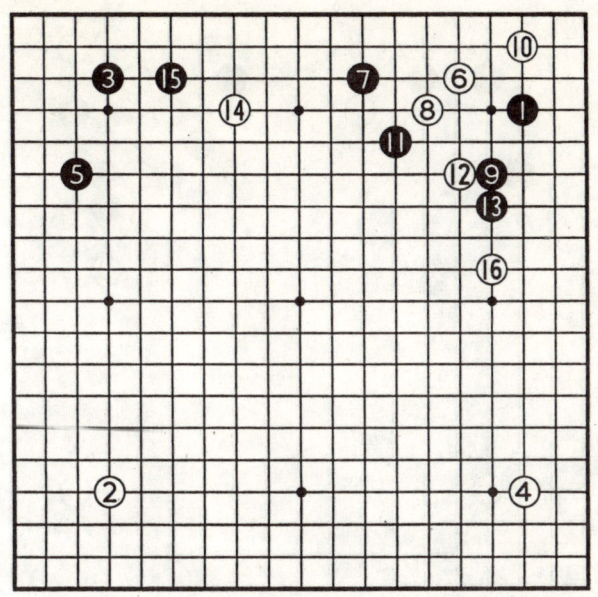

문제도까지의 수순
(1 —16)

애용의 씌움

좌하귀, 흑 7 의 2 칸 협공에 대하여 백 8,
흑 9, 백 10까지—.

흑 11의 씌움이 진기한 모양이다. 비장의
애용수이다.

백 16의 의도는 무얼까?

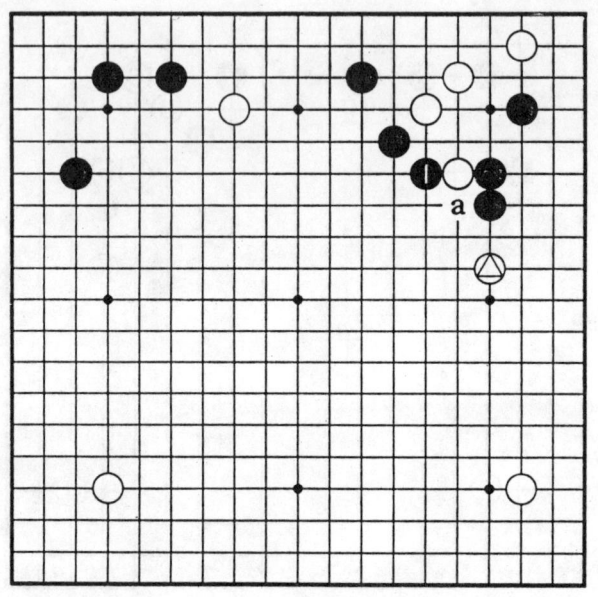

정 해 도

적의 급소는 나의 급소

백⊘의 의도는 a로 둠을 기대하는 수이다.

백 1로 나중에 진출을 막으려는 의도이다. 그래서 흑 1인데, 이곳은 적의 급소가 나의 급소인 좋은 곳이다.

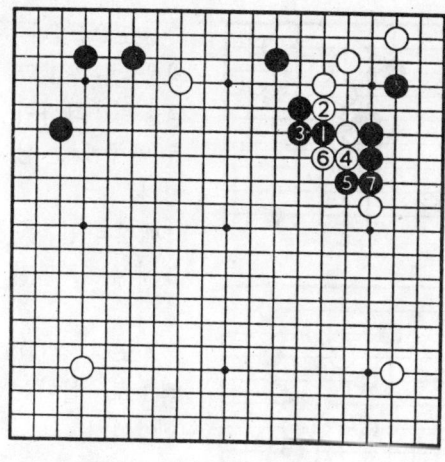

실전도 1

실전도 1(1
~ 7) 흑1의
마늘모의 급소
는 당연하다. 백
4에서 흑**7**까
지─.
단순한 백**4**
는 생각해 볼문
제가 있다.

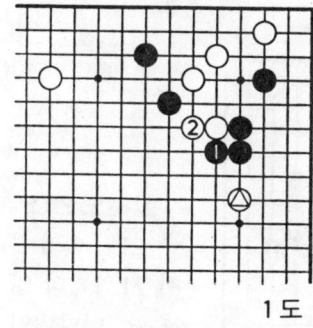

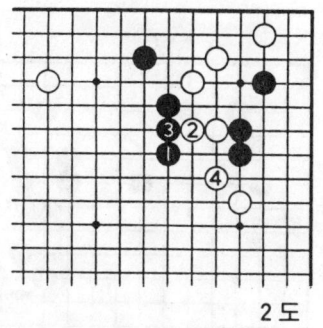

1 도   2 도

1도(속수) 흑1로 올라서는 것은 속수이다.
백2로 올라서 흑모양을 균열시킨 모양이다.
백이 아주 좋다.
2도(악수) 흑1의 한칸은 악수이다.
백2, 4로 봉쇄를 당한다.

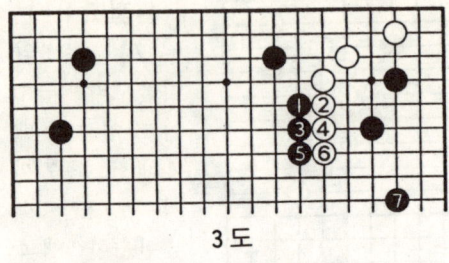

3 도

3 도(날일자 씌움) 흑 1 의 씌움은 좌하귀를 염두에 둔 점이다.

백 2 라면 흑 3 에서 7 까지 좋다.

4 도 (갈림) 백 1 로 붙이는 모양이다.

흑 2 에서 6 까지 최선의 응접.

4 도

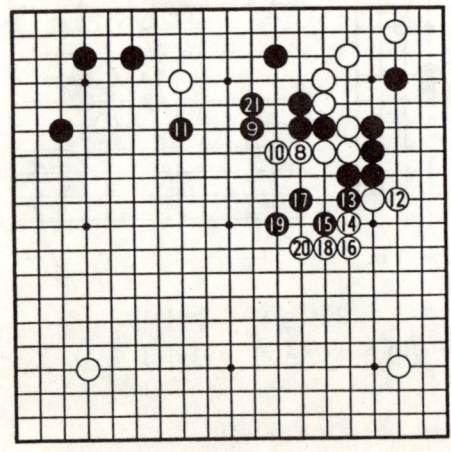

실전도 2

실전도 2 (8 ~ 21) 백 8 에서 21까지의 진행을 나타내었다.

그러나 후반에 실락을 두어 좋은 바둑을 놓쳐버렸다.

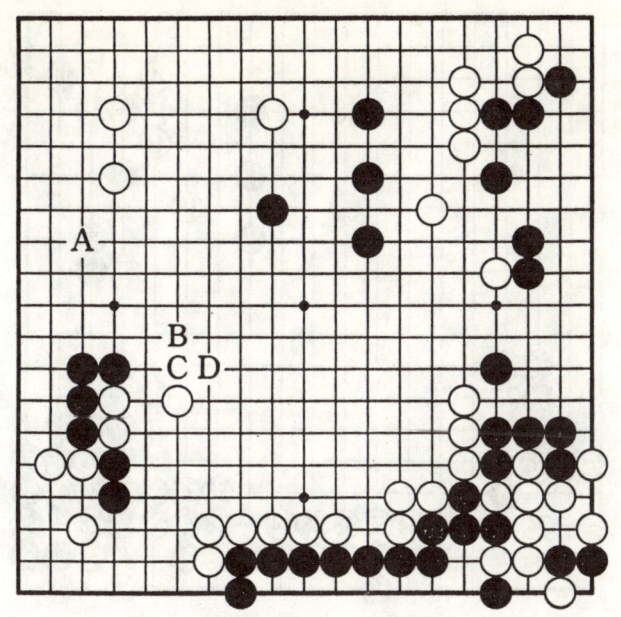

31. 흑선 실력파

백 白石　裕 九段

흑 苑田勇一 九段 (棋聖戰)

관서기원의 실력파의 대국이다.

다음의 한 수가 흑을 우위에 서게 한다.

A, B, C, D중 어딜까?

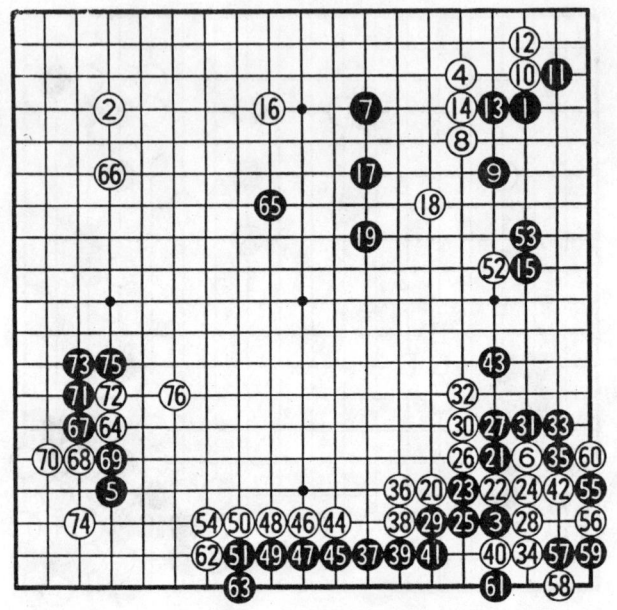

문제도까지의 수순

(1 ～ 76)

신수신형 (新手新型)

좌하귀에서 백20의 대사백변의 신형.

좌하귀의 흑의 배석과 관련된 수이다.

이하 흑63까지 —.

백76 다음의 문제의 한 수는?

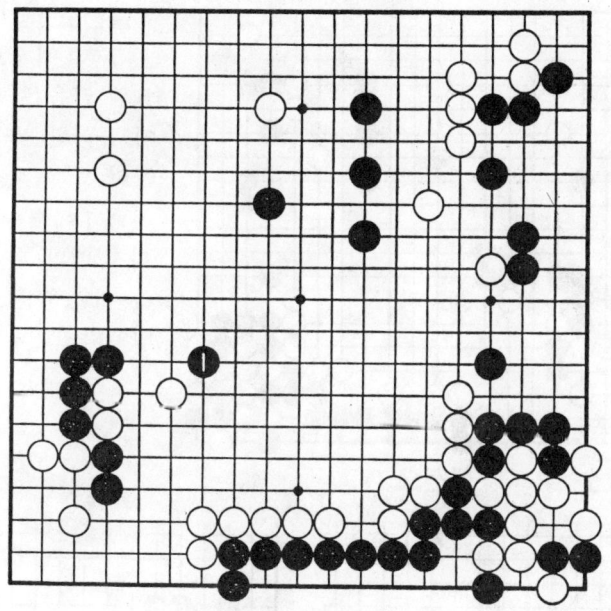

정 해 도

씌움

정해는 흑 1 의 씌움이다.

귀쪽에 맛이 남는다. 하변의 백의 강대하고 두터운 맛을 이용하는 강수이다.

중앙 흑모양을 염두에 둔 좋은 점이다.

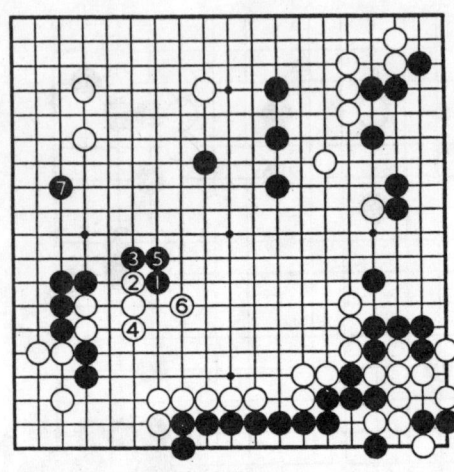

실전도 1 (1
~ 7) 백 4 로
5 의 끊음은 흑
이 유리한 싸움
이다.
　흑 1 에서 7
까지 백의 완착
을 찌른 좋은 모
양이다.

실전도 1

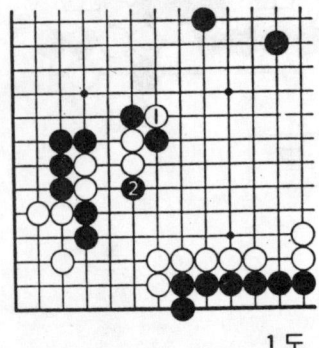

1 도

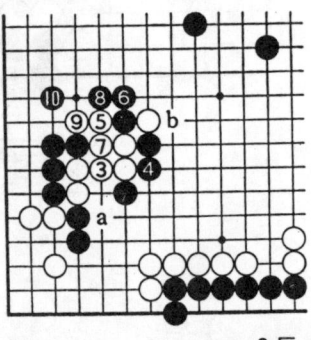

2 도

　1 도 (맥) 백 1 의 끊음에는 흑 2 가 강렬한 맥점이다. 멋
진 수로 백의 응수가 곤란하다.
　2 도 (흑이 좋다) 백 3 에서 5, 7 까지 외길이다.
　흑 8, 10 으로 장문하여 움직이지 못하게 한다.
　백 a 는 흑 b 로 흑이 좋다.

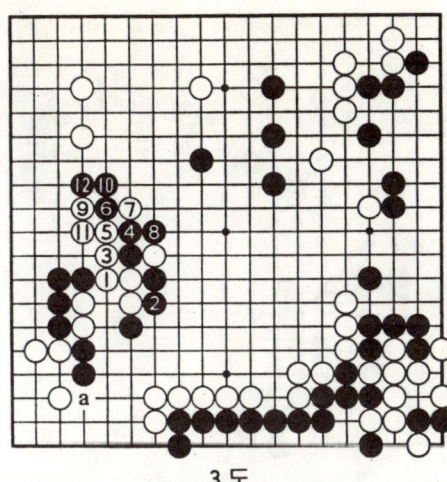

3도(흑이 좋
다) 백 1 에서
3 으로 나가는
것은 흑12 까지
좌변을 사석으
로 하여 철벽을
만든다. 귀는 a
의 내려서는 맛
이 있어서 좋다.

3 도

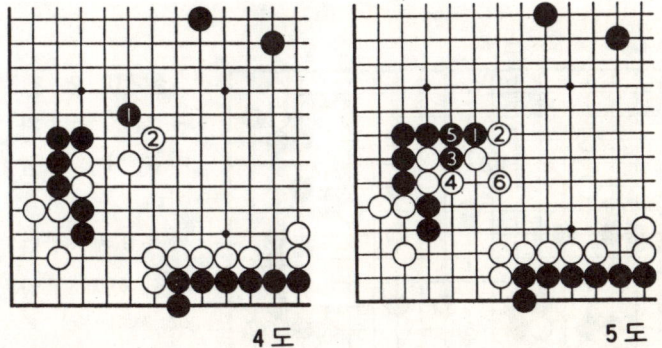

4 도   5 도

4도(실패) 흑 1 의 날일자는 백 2 의 마늘모가 정착이
어서 실패다. 모양의 급소가 아니다.

5도(실패) 흑 1 의 붙임은 백 2 에서 6 까지 백이 쉽게
안정된다.

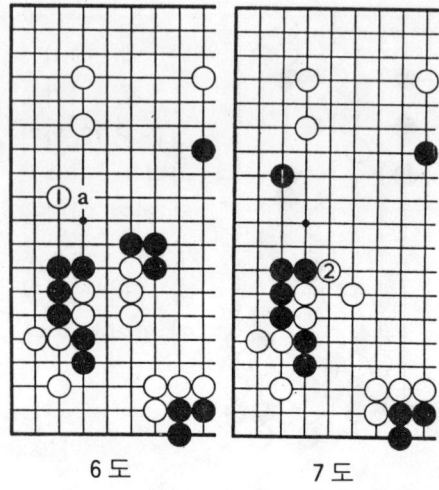

6도　　　　7도

6도(실전도의
1의 6은 완착)
백 1의 방향, a
의 곳도 크다.
　중앙을 염두
에 둔 수이다.

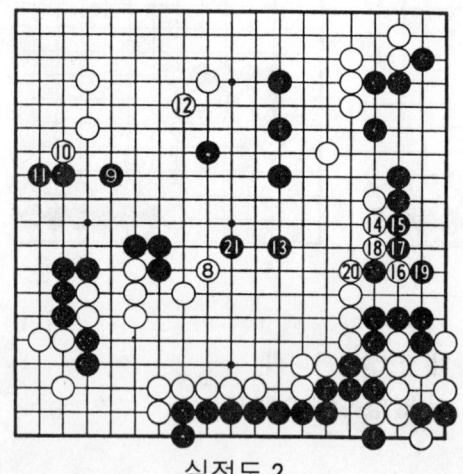

실전도 2

실전도 2 (8
〜 21) 백 8의
마늘모는 호점
이다.
　흑 9의 한칸
에서 13의 모양
이 촛점이다.
　흑의 쾌조이
다.
　여기도 맥점
이다.

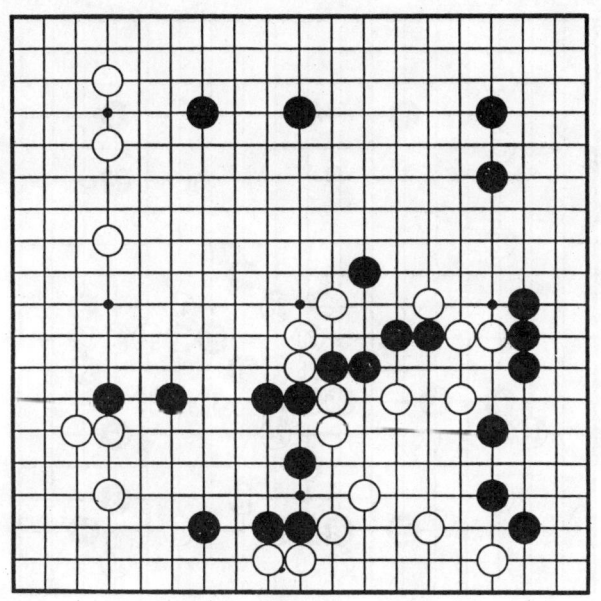

32. 백선 자매결전

백 本田幸子 六段

흑 楠 光子(女流本因坊戰)

자매결전으로 제 3 기 여류본인방전이다.

본전 6 단이 연승을 하여 이 판이 중요
한 대국이다.

중앙에 대한 다음의 한 수는?

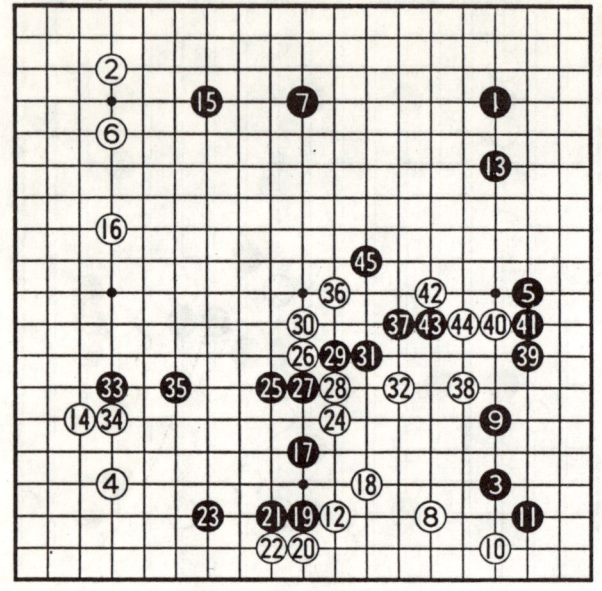

문제도까지의 수순

(1 —45)

진귀한 취향

흑1, 3의 2연성에서 5까지 이것은 취향이다.

중앙 백26의 씌움에서 흑27, 29의 나가 끊음이 어지러운 전투. 흑45는 의문이다.

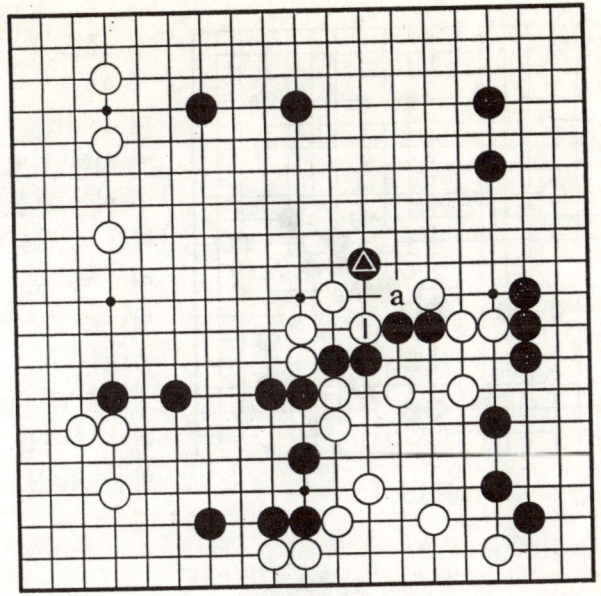

정 해 도

마늘모 붙임의 절단

흑이 ⬤ 표로 뛰어나간 점이다.

이것은 대단히 큰 오산이다.

백 1의 마늘모가 흑이 불각한 수이다.

흑⬤ 표는 반드시 a에 두었어야 했다.

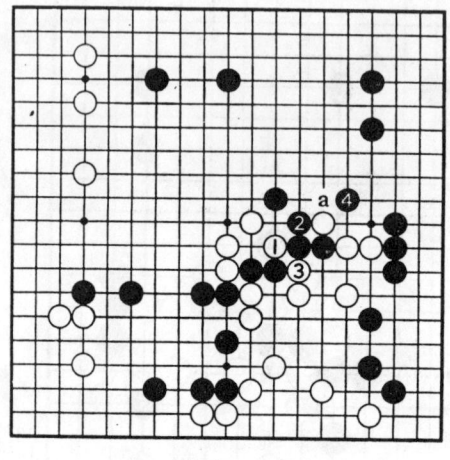

실전도 1

실전도 1 (1
~ 4) 종국후
대국자의 지적
에 의하면 백1
의 마늘모 붙임
에서 흑돌이 떨
어져 바둑은 끝
났다는 감상이
었다.

흑 4 도 의문
이다. 완착을 면
할 수 없다.

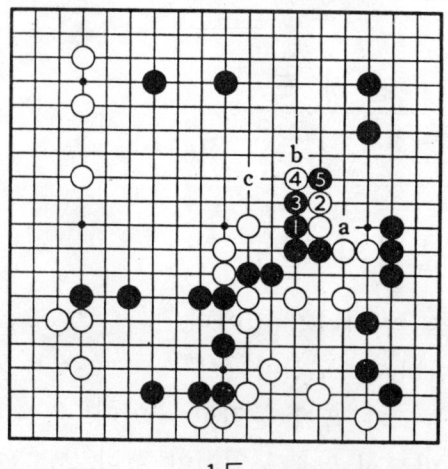

1 도

1 도 (타개)
평범하게 흑1,
3으로 밀고 나
가 5 로 끊는수
가 좋았다.

중앙의 백 3
점이 반대로 들
떠 있는 모양이
다.

백 4 로 5, 흑
4, 백b, 흑c 의
곳이다.

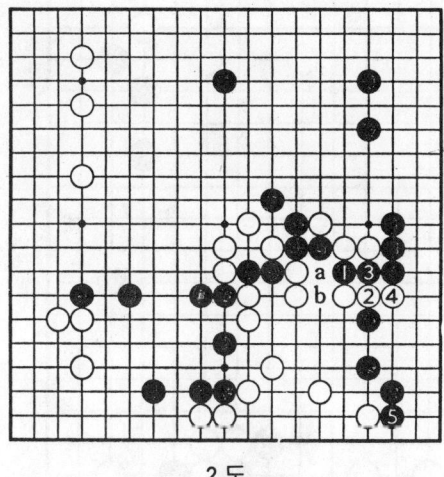

2 도

2 도 (변화)
완착은 전술하
였듯이 흑**4**는
무궁 9 단의 말
과 같이 본도의
흑**1**의 젖힘이
좋은 수이다.

백**2**, 흑**3**,
백**4**, 흑**5**로
좋다.

백**2**로 **3**, 흑
a, 백**2**, 흑b
로 모양이다.

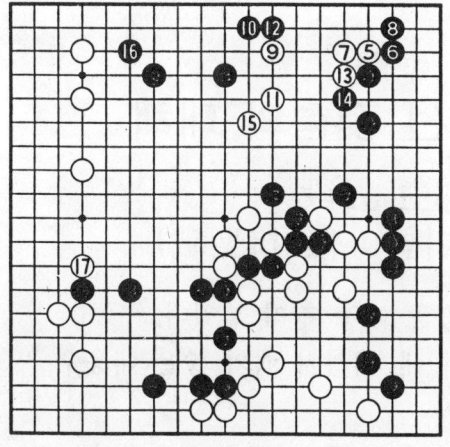

실전도 2

실전도 2 (**5**
~ **17**) 백은 **5**
의 곳을 붙여 변
화를 모색하였
다.

본전 6 단이
연승하여 여류
본인방을 탈환
하였다.

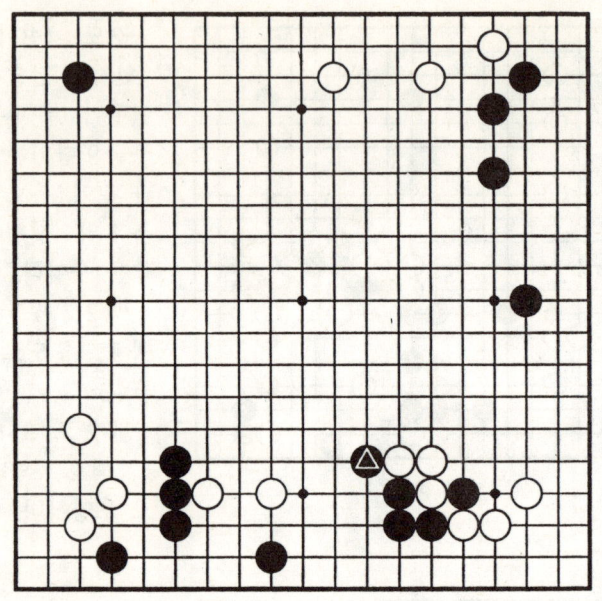

33. 백선 젖힘의 대책

백 石井邦生 九段
흑 水田羨博 九段 (棋聖戰)

하변의 절충은 대충 정리 되었다.

흑⚫의 젖힘에 대하여 백의 좋은 대응수
단은 없을까?

하변의 백 2 점이 공격당함을 유의하라.

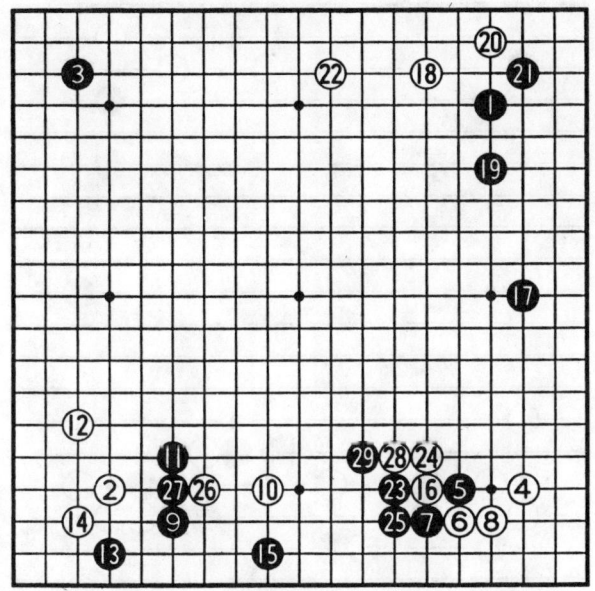

문제도까지의 수순

(1 ～29)

거취문제

흑 1, 3 의 화점과 3·3에 대하여 백 2, 4 의 심상한 소목 포진이다.

좌하귀 흑23, 25로 움직여 나갔다.

백26, 28 다음 흑29이면 다음, 백의 거취 문제는?

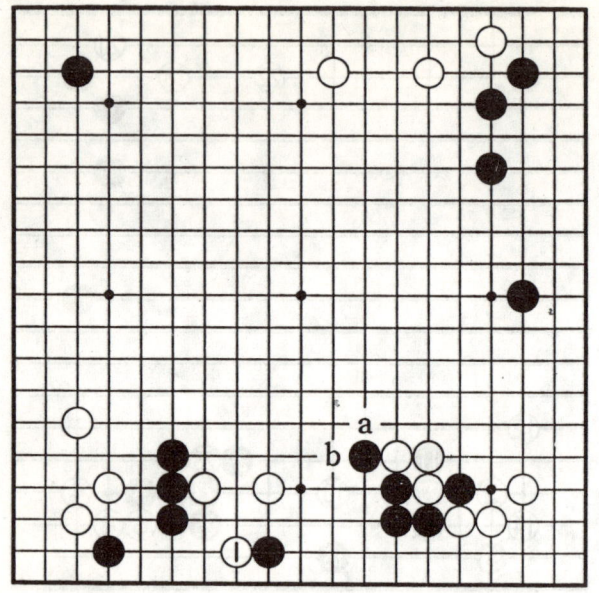

정 해 도

붙임의 기회

젖힘은 흑의 엷음을 없애는 수이다.

백이 a로 젖히면 흑은 b로 느는 것을 기
대하고 있다.

이런 모양에서는 어디가 급소일까?

백 1의 붙임! 절대의 한 수이다.

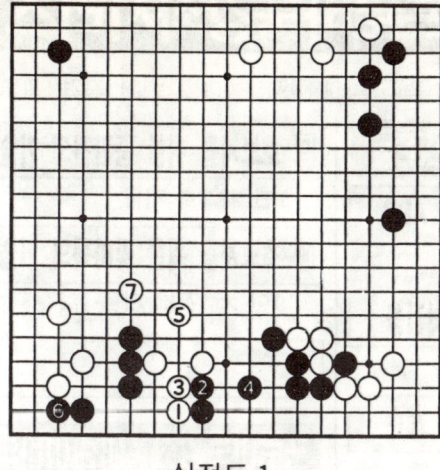

실전도 1

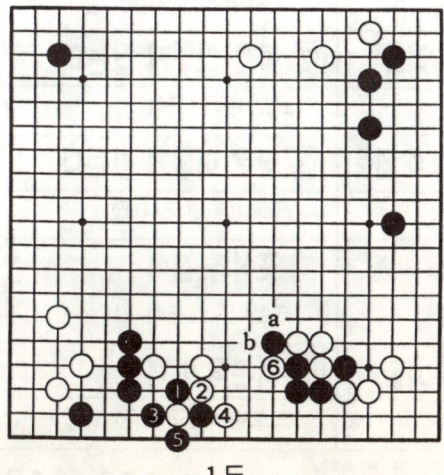

1 도

실전도 1 (1
～ 7) 백 1 이
급소, 흑은 2,
4 로 양보할 여
지가 있다.

백 5 , 7 로 가
벼운 모양이다.
백이 좋은 모양
이다.

이 국면의 승
인은 백 1 의 붙
임이다.

1 도(백의 주
문) 흑이 1 , 3
으로 반발을 하
는 것은 이하 5
까지 된 다음 6
의 끊음이 통렬
하다.

백a , 흑b 의
교환은 실패이
다.

6 의 단점이
자연스럽게 보
강되기 때문이
다.

11. 초반 중반의 실전 테크닉

2013년 3월 15일 인쇄
2013년 3월 30일 펴냄

옮긴이/ 프로바둑연구회
펴낸이/ 최   상   일
펴낸곳/ 구.진화당(태을출판사)
서울특별시 중구 신당6동 52-107 (동아빌딩내)
등록/1973년 1월 10일(제4-10호)

■ 주문 및 연락처

우편번호 $\boxed{1}\,\boxed{0}\,\boxed{0}$-$\boxed{4}\,\boxed{5}\,\boxed{6}$
서울특별시 중구 신당6동 52-107 (동아빌딩 내)
전화 / 2237-5577 팩스 / 2233-6166
ISBN 89-493-0328-0   13690